LE LIVRE SECRET DES FOURMIS

© Albin Michel, 1993
22, rue Huyghens, 75014 Paris.
ISBN 2-226-06583-0

BERNARD WERBER

LE LIVRE SECRET DES FOURMIS

Encyclopédie du Savoir Relatif et Absolu

illustré par Guillaume Aretos

Albin Michel

Préface
PAR BERNARD WERBER

Un beau jour, je devais avoir six ans, je me suis penché et je me suis aperçu qu'il existait à même la terre du jardin une petite ville. Une vraie ville remplie d'habitants qui grouillaient sur les routes, travaillaient, faisaient la guerre.

Je fus subjugué par cette vision. Pourtant, cela semblait n'intéresser personne. Nous allons chercher des extra-terrestres dans les étoiles alors qu'il y a une civilisation bien réelle qui grouille sous nos pas et à laquelle personne ne fait attention : les intra-terrestres, les fourmis.

En fait, nous ne connaissons pas du tout le monde dans lequel nous vivons. C'est normal, l'humanité est si jeune. Si les fourmis existent depuis 100 millions d'années, l'homme n'est sur terre que depuis 3 millions d'années et n'a commencé à construire des villes que depuis 5000 ans.

Nous commençons à peine à comprendre notre monde et nous nous méfions de ce qui ne nous ressemble pas. Tout ce qui est différent nous fait peur. Au point de nous rendre destructeurs.

Nous ne sommes pas capables de gérer la rencontre entre deux modes de pensée différents. Dès la rencontre avec une autre civilisation, nous essayons de voir qui est le plus fort. Il ne reste plus grand-chose des Incas, des Mayas, des Aztèques… Nos armes, nos maladies les ont décimés. Pourtant, ces peuples avaient découvert des milliers de choses qui nous seraient peut-être utiles maintenant.

De même, la rencontre avec l'Asie, la rencontre avec l'Afrique et l'Océanie se sont mal passées. Nous ne savons pas nous enrichir des différences.

Et cela est valable aussi pour le monde animal ou végétal que l'on détruit sans penser aux richesses qui disparaissent. Or notre intérêt est de tout respecter, de tout préserver, de tout comprendre. Ce n'est pas de l'écologie, c'est du simple bon sens.

Les fourmis sont peut-être un bon terrain pour nous exercer à comprendre le monde. On peut facilement les observer. Elles ont une expérience de la vie citadine de plus de 100 millions d'années.

Encyclopédie du Savoir Relatif et Absolu

Il ne faut pas les copier. Juste les regarder et comprendre leur système.

Les enfants, tout naturellement, observent les fourmis. Tous en ont fait courir une sur leur doigt. Mais quand on devient adulte, on se crée une sorte de tunnel. On cherche à être rentable, on ne va pas vers l'inconnu. Notre éducation nous pousse à aller tout droit dans le tunnel d'un futur idéal blindé de certitudes qui empêche de voir le monde. Il fait bien sombre dans les tunnels.

J'ai commencé à rédiger l'Encyclopédie à l'âge de 14 ans. C'était un gigantesque fourre-tout dans lequel je jetais tout ce qui me plaisait.

Par la suite, je devins journaliste scientifique dans un hebdomadaire parisien et je rencontrai les plus grands chercheurs mondiaux. Dès lors, l'Encyclopédie s'enrichit encore d'informations parfois exclusives.

Par la suite, quand j'ai commencé à écrire "Les fourmis", à l'âge de 16 ans (j'ai mis douze ans à l'écrire, je l'ai remanié 140 fois, sa plus longue version faisait 1100 pages), je me suis servi de l'Encyclopédie pour ouvrir le roman sur toutes les sciences. Ainsi l'intrigue était construite sur trois supports : le roman fourmi, le roman humain et toutes sortes de petites informations qui éclairent les deux récits. Après la publication des deux romans "Les fourmis" et "Le jour des fourmis", j'ai fait la connaissance de Guillaume Aretos et c'est alors que se mit en place une version isolée de l'Encyclopédie du savoir relatif et absolu. Guillaume a le goût des structures et des messages cachés. Fanatique de Léonard de Vinci, il a su dessiner tout ce que ce dernier n'avait pu réaliser. Guillaume change de style, de technique ou de thème comme s'il y avait en lui une vingtaine de personnalités.

Dans le roman, j'attribuai cette Encyclopédie du savoir relatif et absolu (ESRA pour les initiés) à un certain professeur Edmond Wells qui n'a jamais existé. Mais l'Encyclopédie, elle, est bien réelle. Dans "Les fourmis" et "Le jour des fourmis", j'en livrais quelques pages. La voici dans sa version longue.

Attention, cet ouvrage n'a aucune prétention scientifique, philosophique, politique ou gastronomique. C'est une accumulation de "petits machins qui traînent". Juste pour donner à réfléchir. Ça ne va pas plus loin.

Certains pourront être surpris de voir la chimie côtoyer l'alchimie et la physique côtoyer la métaphysique. Ce ne sont que des points de vue différents. Chacun mérite d'être exposé.

C'est vous qui choisissez en fonction de votre culture et de votre expérience le point de vue que vous préférez. Soyez actif, laissez parler votre intuition, regardez les images, lisez et posez-vous des questions. L'ESRA éclaire des zones inconnues, pose des questions sans apporter de réponse. C'est une de ses dynamiques.

Pour chaque lecteur, l'ESRA doit avoir une signification différente. En fait, c'est vous qui modifiez ce livre en le mettant en interférence avec votre propre mémoire. C'est pourquoi cette Encyclopédie est baptisée "du savoir relatif et absolu". Ses informations ne sont pas stables : elles se modifient dans le temps, dans l'espace et dans l'œil de celui qui les lit.

Prenez-la comme un roman qu'on picore dans n'importe quel sens. Une encyclopédie apéritif, en quelque sorte.

Ce serait bien si un jour l'ESRA devenait un grand vase où tout le monde pourrait verser et puiser.

B.W.

Processus de Lecture Active

A cet instant :

Vous êtes en train de lire. Les grains de lumière (photons) rebondissent sur cette page pour être projetés sur votre cornée. L'image de cette page franchit l'orifice de la pupille, atterrit dans l'optique de vos cristallins et revient à l'envers au fond de votre paroi oculaire, sur la rétine sensible.

De là, l'image est transportée jusqu'à l'arrière de votre cerveau par un signal électrique et chimique d'une rapidité fulgurante.

Chaque lettre est identifiée et nommée par un son dans votre esprit. Les sons, en se regroupant, forment des mots. Vous comparez ces mots aux stocks de mots dont vous connaissez déjà la signification. (Si-gni-fi-ca-tion signifie par exemple "le sens".)

Normalement, vous avez bien 100 000 mots connus en stock. Sans parler de ceux que vous connaissez vaguement ou que vous comprenez d'après leur étymologie (du grec etumos "vraie" et logos "parole").

Les mots en se groupant forment des phrases dont vous analysez le sens global. La phrase est alors dirigée vers une zone de votre cerveau pour y être temporairement stockée. On ne sait jamais : si l'information vous semble inintéressante, il vous sera facile de vider ce "tiroir temporaire".

Si elle vous paraît, en revanche, digne d'intérêt, vous ouvrirez un coin de votre cervelle et vous la stockerez pour une durée plus longue dans un "tiroir long terme". Ce qui vous permettra plus tard deux choses : utiliser cette information pour résoudre des problèmes précis ou la transmettre à d'autres humains n'ayant pas lu ce livre.

Alchimie :
Toute manipulation alchimique vise à mimer ou à remettre en scène la naissance du monde. Au départ, la première phase se nomme la phase du corbeau, dite aussi "œuvre au noir". On prend la "materia prima" et on la chauffe après y avoir placé de la terre. C'est une phase de calcination et c'est pour cela qu'on la nomme "l'œuvre au noir". Le feu arrive et

C'est ici, en (C) au bas du lobe occipital, que se projettent toutes les images qui entrent dans vos yeux y compris cette phrase.

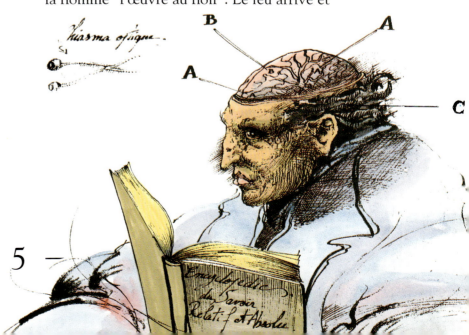

— 5 —

Descriptif de bas en haut :
- Deux géants Atlas
- Entre eux : un Dragon à 4 têtes (feu)
- Mercure avec une chaîne d'argent et 2 animaux attachés
- Aigles d'argent à trois têtes, une des têtes crache de l'eau blanche dans la mer.
- Se venta exaltant le souffle de la spiritualité.
- Lion rouge laissant couler du sang de sa poitrine.
- Fleuve noir chaotique en putréfaction
- Montagne
- Tête de corbeaux noir - Pluie d'argent tombant sur la montagne.
- Dragon dévorant sa propre queue
- Couple d'Éthiopiens
- Mord d'argent - Cygne crachant du lait
- Éclipse de Soleil -
- Éclipse de lune

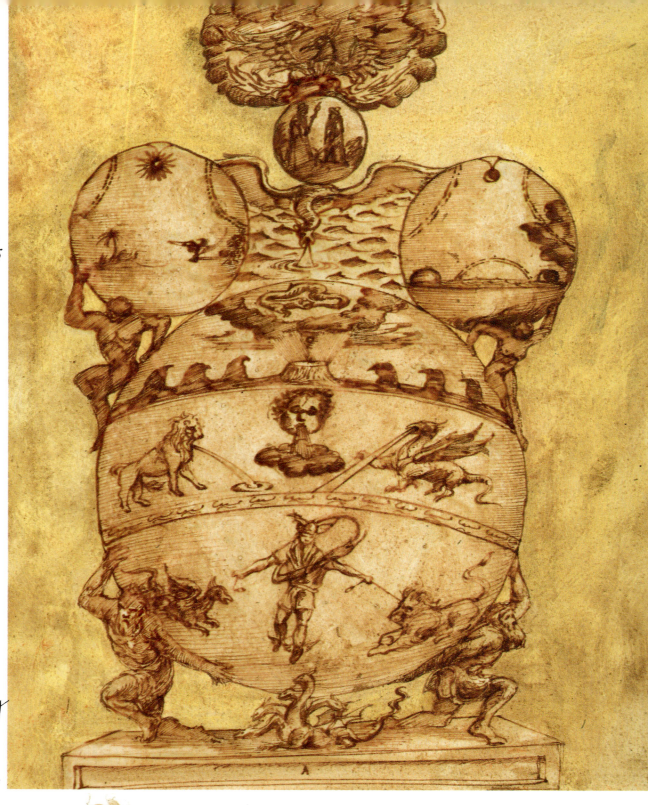

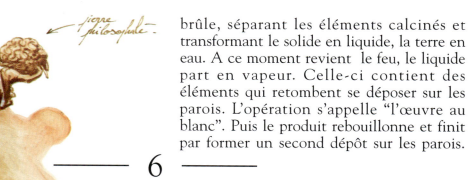

Pierre philosophale.

brûle, séparant les éléments calcinés et transformant le solide en liquide, la terre en eau. A ce moment revient le feu, le liquide part en vapeur. Celle-ci contient des éléments qui retombent se déposer sur les parois. L'opération s'appelle "l'œuvre au blanc". Puis le produit rebouillonne et finit par former un second dépôt sur les parois.

Encyclopédie du Savoir Relatif et Absolu

On nomme cela "l'œuvre au rouge". Cette dernière phase, dite "sublimation", consiste en la fixation d'une poudre d'or qui va elle-même donner naissance à la pierre philosophale. Cette poudre, c'est par exemple celle de Merlin l'enchanteur dans la légende des chevaliers de la Table ronde. Tout récit construit n'est qu'une reproduction de l'histoire de la pierre philosophale et donc de l'univers. Il va du simple au compliqué, de la matière brute, le sable, vers l'or raffiné, de l'ignorance vers le savoir. Il n'y a là aucun miracle. L'alchimie est une allégorie et la pierre philosophale se trouve dans la tête de chacun, ce n'est qu'une manière de bien "être" dans le monde. Ce qui n'est déjà pas si facile...

Apprenons à bâtir un monde :

Si vous êtes un jeune dieu et que vous voulez créer un monde, voici enfin et pour la première fois la recette "physique" pour créer à partir de presque rien de la ... VIE.

Attention ! Il faut respecter précisément les dosages et les ingrédients. Si vous ne pouvez vous les procurer exactement tels qu'ils sont décrits ici, renoncez.

1°) Prendre une petite planète de taille moyenne. 13 000 km de diamètre par exemple. La porter à ébullition. Il faut qu'elle soit très chaude. 4000 degrés minimum. A cette température, tous les corps chimiques sont dissociés.

2°) Faire revenir à feu doux. On baissera un peu le thermostat : + 3000 degrés. Ne pas cesser de touiller la sauce. On peut alors constater que les atomes se mélangent pour former des grumeaux. Goûter. Parmi les molécules les plus stables, on reconnaîtra là des hydrures, des siliciures, des carbures, de l'oxygène, de l'azote, et bien sûr de l'hydrogène. Toujours de l'hydrogène. Ne jamais lésiner sur l'hydrogène.

3°) Baisser encore un tout petit peu le feu sans cesser de remuer pour que ça n'attache pas. A 500°, l'hydrogène réduit les oxydes ferreux : apparition d'un océan et de vapeur d'eau. Ne pas s'affoler, c'est normal. Mettre un couvercle en utilisant par exemple la force de gravité pour retenir cette vapeur d'eau autour de la planète.

4°) Soulever le couvercle et observer. La vapeur d'eau à haute température attaque les autres molécules. Sous l'assaut de l'hydrogène, les carbures se transforment en hydrocarbures. Les siliciures se transforment en siliciure d'hydrogène. L'oxygène dissout le méthane pour donner de l'oxyde de carbone. Et l'on voit apparaître aussi de l'ammoniac, de l'hydrogène phosphoré, de l'hydrogène arsénié, de l'hydrogène sulfuré. Tel est d'ailleurs l'état actuel de Saturne et de Jupiter. Mais continuons l'expérience. Baissons encore un peu la température.

5°) Laisser macérer. Puis soumettre notre nappage liquoreux à des charges électriques : la foudre. Le carbure d'hydrogène se condense avec le soufre, l'ammoniac, l'acide cyanhydrique. Notre soupe originelle prend alors une belle couleur bleue. Des grumeaux minuscules surnagent.

6°) C'est l'instant le plus délicat de la préparation de la..."vie". Comme pour un soufflé, si l'on rate cette étape, tout rate. Il faut maintenant prendre un soleil d'âge moyen (attention, les trop jeunes soleils ont des éruptions acnéiques qui peuvent être préjudiciables à la vie et les soleils trop âgés ne sont pas assez puissants) et tout en tenant la planète dans sa main gauche, exposer progressivement l'océan aux rayons du soleil. Il faut que la planète soit dorée, mais ni brûlée ni glacée. C'est en général l'erreur que commettent les jeunes dieux débutants : ils rapprochent trop la planète et la grillent comme une saucisse. Vénus est malheureusement un exemple de brouillon de planète trop cuite,

Manipulez-la avec beaucoup de délicatesse, ne laissez pas de traces de doigts sur sa surface. Sinon cela fait des cratères.

La matière est essentiellement formée de vide et de mouvement

probablement par un dieu débutant maladroit. Donc on approche progressivement le soleil de la planète (c'est aussi délicat que de verser de l'huile dans une mayonnaise). Sous la chaleur de cette lampe et sous les rayons ultra-violets, les sucres se synthétisent et l'on voit apparaître du glucose et de la cellulose. Goûter. L'océan doit avoir un petit relent sucré.

7°) Approchez encore. Sous l'action des ultra-violets solaires, l'acide formique se condense avec l'aldéhyde formique pour donner la glycocolle. C'est l'acide aminé le plus simple. Et probablement le tout premier représentant de la vie. Si vous n'avez pas raté cette phase, bravo.

8°) A la fin de cette préparation, on doit obtenir dans sa soupe-océan : des sucres, des acides aminés, des protéines et des sels.

9°) Il n'y a plus qu'à laisser mijoter deux milliards d'années et l'on obtient des infimes poussières qui nagent. Ce sont des bactéries. La récompense de tous nos efforts. C'est-à-dire le plus difficile à réussir pour un jeune dieu : des cellules vivantes autonomes !

Au début :
Au commencement, tout n'était que simplicité.

L'univers, c'était du rien avec un peu d'hydrogène.
H.
Et puis il y a eu le réveil. L'hydrogène détone. Le big bang explose et ses éléments bouillants se métamorphosent en se répandant dans l'espace.
H, l'élément chimique le plus simple, se casse, se mélange, se divise, se noue pour former des choses nouvelles. L'univers est expérience.
Tout part de 1, mais tout se répand dans tous les sens et dans toutes les formes.
Dans la fournaise initiale, H, l'origine de tout, se met à accoucher d'atomes nouveaux.
Comme He : l'hélium. Et puis tous se mélangent pour donner le jour à des atomes de plus en plus complexes.
On peut actuellement constater les effets de l'explosion initiale. L'ensemble de notre

univers-espace-temps-local, qui était composé à 100% d'hydrogène, est maintenant une soupe remplie de tas d'atomes bizarres selon les proportions suivantes.
90 % d'Hydrogène
 9 % d'Hélium
0,1% d'Oxygène
0,060% de Carbone
0,012% de Néon
0,010% d'Azote
0,005% de Magnésium
0,004% de Fer
0,002% de Soufre.

En ne citant que les éléments chimiques ayant su le mieux se répandre dans notre univers-espace-temps.

Au nom d'Habracadabrah

La formule magique "Habracadabrah" signifie en hébreu: "Que cela se passe comme c'est dit" (que les choses dites deviennent vivantes). Au Moyen Age, on utilisait volontiers cette incantation pour soigner les fièvres. L'expression a ensuite été reprise par des prestidigitateurs exprimant par cette formule que le spectateur allait assister maintenant au clou du spectacle (le moment où les mots deviennent vivants ?).

Il y a du vide et du mouvement même à l'intérieur de cette page de papier qui semble pleine et immobile.

Encyclopédie du Savoir Relatif et Absolu

La phrase n'est cependant pas aussi anodine qu'il y paraît à première vue. Il faut reconstituer la formule que produisent ces neuf lettres (en hébreu, on n'utilise pas les voyelles). HA BE RA HA CA AD BE RE HA donne donc : HBR HCD BRH. Sur neuf couches et de la manière suivante, afin de descendre jusqu'au H originel (Aleph) qui se prononce "Ha"

```
HBR  HCD  BRH
HBR  HCD  BR
HBR  HCD  B
HBR  HCD
HBR  HC
HBR  H
HBR
HB
H
```

Cette disposition est conçue de façon à capter le plus largement possible les énergies du ciel et à les faire redescendre jusqu'aux hommes. Il faut imaginer ce talisman comme un entonnoir autour duquel la danse spiralée des lettres constituant la formule HABRACADABRAH déferle en un tourbillonnant vortex. Il happe et concentre en son extrémité les forces de l'espace-temps supérieur.

Mais outre cette signification donnée depuis la nuit des temps par les rabbins, on peut fournir à cette formule un autre sens : la naissance de notre univers.

H, Aleph : l'hydrogène.

HB, Aleph-beth (à rapprocher d'"alphabet") : l'hélium.

HBR : l'oxygène.

En prononçant la formule HABRACADABRAH, on ne fait pas qu'annoncer un tour de magie. On raconte le plus beau, le plus grand, le plus extraordinaire de tous les tours de magie : la naissance de notre univers-espace-temps-local.

Le Livre Secret des Fourmis

Avenir : On ne sait pas comment sera l'homme du futur, mais l'on peut déjà avancer son portrait probable.

- Il aura la mâchoire plus courte et moins de dents. Nos troisièmes molaires, nos fameuses dents de sagesse, ont en effet tendance à disparaître. Normal : les molaires servent à broyer la viande, or nous ne mangeons plus que des aliments mous qui n'ont plus besoin d'être broyés. L'homme du futur n'aura que 28 dents au lieu de 32.
- Il sera plus grand. Tout simplement parce que les bébés sont maintenant mieux nourris, donc mieux "construits" qu'à l'origine. Les médicaments les protègent des maladies qui pourraient troubler leur croissance. On sait par exemple qu'en 1800, la moyenne des appelés français était de 1,63m, elle était en 1958 de 1,68m alors qu'elle est en 1993 de 1,75m. C'est même une croissance exponentielle.
- Il sera plus myope. En ville, il n'y a pas besoin de voir loin.
- Il sera probablement métis. Tout simplement à cause de la facilité des moyens de transport qui permettent à tous les peuples de se rencontrer.
- Il vivra plus vieux. Toujours grâce à l'hygiène, aux progrès de la médecine et à une meilleure nutrition.
- Le volume cérébral sera probablement supérieur, la capacité de la boîte crânienne de l'Homo sapiens ayant déjà triplé depuis les premiers hommes d'il y a trois millions d'années. Mais plus que le volume, ce sera probablement la complexité des connexions qui se développera.
- On restera enfant plus tard. En effet, les os durcissent de plus en plus tard. Il y a 30 000 ans, tous les os étaient durs à près de 18 ans. De nos jours, l'ossification de la clavicule qui clôt la croissance se produit à 25 ans. Tout se passe comme si les gens restaient physiologiquement des enfants de plus en plus longtemps. Ce qui expliquerait que même mentalement, on veuille rester enfant de plus en plus longtemps.
- Les femmes par contre connaîtront plus tôt leurs premières règles, l'âge de la ménopause se déclenchera plus tard. Donc la période de fécondité humaine s'allongera. On sera peut-être plus lubrique pour rendre cette longue période moins monotone...
- Le corps masculin va se féminiser. A l'inverse des tribus de chasseurs des forêts qui gardent une grande différence entre le faciès masculin et le faciès féminin, on constate déjà une grande similitude des crânes féminin et masculin. L'avenir est aux hermaphrodites et aux femmes-enfants. Ces deux références esthétiques sont d'ailleurs les canons de la beauté moderne les plus mis en valeur dans la mode, le cinéma et la chanson.

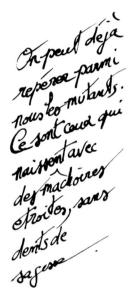

On peut déjà repérer parmi nous les mutants. Ce sont ceux qui naissent avec des mâchoires étroites, sans dents de sagesse.

Bactérie :

Bactérie. Voilà le **nom de notre plus ancien** arrière-arrière-grand-père.

Et voilà aussi le nom de la structure organique qui a régné le plus longtemps et le plus largement sur Terre.

Si notre planète est âgée d'environ 5 milliards d'années, la première bactérie, une archébactérie, est apparue il y a 3,5 milliards d'années. Pendant 2 milliards d'années, l'archébactérie et ses dérivés sont restés seuls à "s'amuser" sur la Terre. Les seuls à se battre, à se nourrir, à se reproduire. Combien de belles épopées bactériennes, combien de drames, combien de bonheurs bactériens demeureront à jamais ignorés de nous, derniers occupants de la croûte terrestre…

Dans le cœur de tout homme, il y a une bactérie qui sommeille.

Ce n'est qu'après que notre Terre a déjà parcouru les trois quarts de son existence jusqu'à nos jours (un quart dans le silence, deux quarts avec des bactéries pour seuls habitants) qu'apparaît la première cellule à noyau.

C'est une vraie révolution dans la vie. Jusque là, les gènes se baladaient en vrac dans la cellule. Lorsqu'ils se réunissent en noyau, un programme cohérent peut enfin se bâtir.

Les bactéries donnent donc naissance à une branche évoluée : les algues bleues. Contrairement à leurs ancêtres, elles aiment l'oxygène, la lumière du soleil, elles sont l'avenir.

Plus ça avance, plus ça avance vite.

Les algues bleues donnent naissance à des formes de vie de plus en plus sophistiquées. Les insectes apparaissent il y a 250 millions d'années. Les hommes, bons retardataires, ont pointé le bout de leur museau il y a bien trois millions d'années.

Quant aux bactéries qui n'ont pas su évoluer, elles ont toujours horreur de l'oxygène. Alors, elles restent tapies au fond des terres, des mers et même de nos intestins…

LE LIVRE SECRET DES FOURMIS

Bible : Toute la Bible est contenue **dans le premier chapitre** de la Genèse. Celui qui raconte la création du monde. Ce premier chapitre est lui-même contenu dans sa totalité dans le premier mot hébreu du chapitre. Béréchit. Qui signifie Genèse, mais aussi "Dans le principe" (plus généralement mal traduit par "Au commencement").

Ce mot est lui-même contenu dans la première syllabe "Ber" qui veut dire "le petit-fils". Symbole de l'enfantement auquel nous avons tous vocation. Mais cette syllabe est elle-même contenue dans sa première lettre B. Qui se prononce en hébreu Beth.

Beth, dont le dessin représente un carré ouvert avec un point au milieu. Ce carré symbolise la maison ou la matrice dans

laquelle se trouve l'œuf, le fœtus, petit point amené à grandir.

Pourquoi la Bible commence-t-elle par la deuxième lettre de l'alphabet au lieu de commencer par la première ? Parce que B représente la dualité du monde. A, Aleph (hydrogène), c'est l'unité d'où tout est sorti. B, Beth, c'est l'émanation, la projection de cette unité. B, c'est l'autre. Nous sommes issus de "un" donc nous sommes "deux". Nous vivons dans ce monde de dualité mais... notre quête doit être de retrouver le A, le Aleph, l'unité, le point d'où tout est parti. On peut le retrouver de mille manières différentes.

Depuis le moyen age on utilise aussi les cartes à jouer comme oracle. Tirez une carte au hasard dans un jeu courant et vous aurez déjà une tendance de réponse à vos questions. Le cœur est bénéfique.

Cartes :
Tout peut se diviser en quatre. Les quatre couleurs du jeu courant de 52 cartes.
Quatre couleurs. Quatre saisons. Quatre émotions. Quatre influences de planètes.
1- Le printemps. Le cœur. L'affectif. Vénus.
2- L'été. Le carreau. Les voyages. Mercure.
3- L'automne. Le trèfle. Le travail. Jupiter.
4- L'hiver. Le pique. La mort. Mars.

Cités :
Comment s'est construite la vie sociale ? Pour le comprendre, il faut remonter aux premiers débarquants. Parmi eux : les insectes.

Ils semblaient mal adaptés à leur monde. Petits, fragiles, ils étaient les victimes idéales de tous les prédateurs. Pour arriver à se maintenir en vie, certains, tels les criquets, empruntèrent la voie de la reproduction. Ils pondaient tellement de petits qu'il devait forcément rester des survivants.

D'autres, comme les guêpes ou les abeilles, "choisirent" le venin, se dotant au fil des générations de dards empoisonnés qui les rendirent redoutables.

D'autres, comme les blattes, choisirent de devenir incomestibles. Une glande spéciale donna un si mauvais goût à leur chair que nul ne voulut la déguster.

D'autres comme les mantes religieuses ou les papillons de nuit choisirent le camouflage. Semblables aux herbes ou aux écorces, ils passèrent inaperçus dans la nature inhospitalière.

Cependant, dans cette jungle des premiers jours, bien des insectes n'avaient pas trouvé de "truc" pour survivre et paraissaient condamnés à disparaître.

Parmi ces "défavorisés", il y eut tout d'abord les termites. Apparue il y a près de 150 millions d'années sur la croûte terrestre, cette espèce brouteuse de bois n'avait aucune chance de pérennité. Trop de prédateurs, pas assez d'atouts naturels pour résister...

Qu'allait-il advenir des termites?
Beaucoup périrent. Les survivants étaient

Le carreau est signe de déplacement. Le trèfle signifie les problèmes professionels. Le pique : les ennuis.

LE LIVRE SECRET DES FOURMIS

à ce point acculés qu'ils parvinrent à inventer à temps une solution originale : "Ne plus combattre seul, créer des groupes de solidarité. Il sera plus difficile à nos prédateurs de s'attaquer à vingt termites solidaires et faisant front qu'à un seul s'efforçant de fuir."

Un ne peut rien.
Deux peut plus.
Trois peut tout.

Le termite venait d'inventer le concept de "l'union fait la force". Par la même occasion, il ouvrait l'une des voies royales de la complexité : la Société.

Ces insectes se mirent à vivre en petites cellules, d'abord familiales : toutes groupées autour de la Mère pondeuse. Puis les familles devinrent des villages, les villages prirent de l'ampleur et se métamorphosèrent en villes.

Leurs cités de sable et de ciment se dressèrent bientôt sur toute la surface du globe.

Les termites furent les premiers maîtres intelligents de notre planète.

Ils avaient inventé la vie commune dans la Cité.

Comment : Devant un obstacle, un être humain a pour premier réflexe de se demander : "Pourquoi y a-t-il ce problème et de qui est-ce la faute ?"

Dans la même situation, la fourmi a pour premier réflexe de se demander : "Comment et avec l'aide de qui vais-je pouvoir le résoudre ?"

Il y aura toujours une grande différence entre ceux qui se demandent pourquoi et ceux qui se demandent comment.

Construire et communiquer : La vie sait faire deux choses : construire et communiquer.

Dès le départ, au plus profond de toutes les cellules, on trouve cette propension double.

L'ADN construit. L'ARN communique.

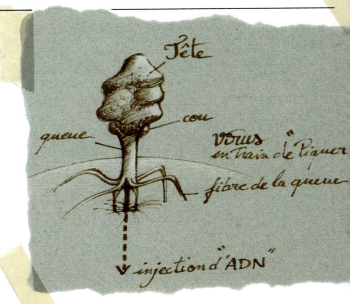

L'ADN (acide désoxyribonucléique) est à la fois la carte d'identité, la mémoire et le plan de construction d'une cellule. L'ADN est composé d'un mélange de 4 produits chimiques (4 bases azotées) qu'on peut symboliser par leur première lettre. A (Adénine), T (Thymine), G (Guanine), C (Cytosine). A.T.G.C. C'est comme un jeu à quatre cartes. On peut les mélanger n'importe comment, tels des cœurs, des trèfles, des piques et des carreaux, cela donnera toujours un jeu.

Mais le jeu s'accomplit à deux mains. A toute ligne de combinaison de cartes ATGC correspond une ligne parallèle obéissant à une loi. A ne s'associe qu'à T, G ne s'associe qu'à C.

Donc à la ligne supérieure GCCCAATGG correspond CGGGTTACC. Chaque gène est une entité chimique composée de plusieurs milliers de A,T,G,C. C'est son information, son code, sa bibliothèque de savoir qui le caractérise. La couleur de vos yeux, bruns ou bleus, vient d'une combinaison de ATGC qui vous a programmé ainsi. Toutes nos caractéristiques ne sont que des ATGC. Et il y en a beaucoup.

A savoir : si l'on déroulait tout l'ADN d'une de nos cellules, on obtiendrait un filament d'une longueur égale à 8000 aller et retour de la Terre à la Lune.

La cellule devient complexe, capable de stocker de l'information. Mais à quoi lui servirait cette information, si elle ne pouvait la transmettre ?

C'est alors qu'apparaît la capacité de "communication". Les messages envoyés par la cellule ADN. Ces messages ressemblent à des cellules d'ADN, mais un composé chimique les en différencie cependant. On les nomme "ARN messagers" (acide ribonucléique). Ce sont des brins d'acide ribonucléique presque similaires à l'acide désoxyribonucléique (son sucre est du ribose et l'une de ses bases azotées est différente). Juste une lettre change. T est remplacé par U (Uracile). Dans l'ADN de type GCCCAATGG est donc associé l'ARN GCCCAAUGG.

Cette capacité d'expression de l'ADN peut s'illustrer par l'exemple du ver à soie. Avec un ADN, la cellule peut fabriquer autant d'ARN que nécessaire. Un seul gène d'ADN est par exemple capable de produire 10 000 copies d'ARN chacune apte à transmettre aux cellules l'information de fabriquer d'innombrables protéines de fibre de soie. C'est évidemment le cas le plus spectaculaire dans la vie de construction et de communication. Et tout ça nous sert surtout à nous prélasser dans des vêtements doux.

En quatre jours, les gènes d'une seule cellule peuvent ordonner la fabrication d'un milliard de protéines de fibre de soie.

La vie sait faire deux choses : construire et communiquer.

(permettant aux faibles de survivre) était déjà utilisé par les termites.

Qu'à cela ne tienne, elles entreprirent de le copier.

Elles créèrent, elles aussi, leurs villages. Elles bâtirent des cités grossières. Les termites s'inquiétèrent bientôt de cette concurrence. Selon eux, il n'y avait de place sur Terre que pour une seule espèce d'insectes sociaux.

Les guerres étaient désormais inévitables.

Un peu partout dans le monde, sur les îles, dans les arbres, dans les montagnes, les armées des cités termites se battirent contre les jeunes armées des cités fourmis.

On n'avait jamais vu ça dans le règne animal. Des millions de mandibules qui ferraillaient côte à côte pour un objectif... autre que nutritif ! Un objectif "politique".

Au début, les termites, plus expérimentés, gagnaient toutes les batailles. Mais les fourmis s'adaptèrent. Elles copièrent les armes termites et en inventèrent de nouvelles.

Les guerres mondiales termites-fourmis embrasèrent la planète, de moins 50 millions d'années à moins 30 millions d'années. C'est à peu près à cette époque que les fourmis, en découvrant les armes à jet d'acide formique, marquèrent un point

Les fourmis sont les descendantes d'une guêpe sauvage et solitaire, la Typhiide.

Concurrents fourmis :

Quand les premières fourmis apparurent, cinquante millions d'années après les termites, sur la croûte terrestre, elles n'avaient qu'à bien se tenir. Lointaines descendantes d'une guêpe sauvage et solitaire, la typhiide, elles n'étaient pourvues ni de grosses mandibules, ni de dard. Non seulement elles étaient petites et chétives, mais le concept que l'union fait la force

La fourmi et l'homme sont différents : absence d'antennes pour l'homme, absence de cheveux pour la fourmi. Mais c'est surtout leur écart de taille et la texture de leur corps. L'homme est de consistance molle qui permet de les reconnaître

La Reine des termites et son énorme abdomen

Soldat classique chez les Termites

crâne d'éléphant — Soldats nasutés

primordial. De nos jours encore, les batailles se poursuivent entre les deux espèces ennemies, mais il est rare de voir les légions termites vaincre.

Concurrents humains : Et puis l'homme apparut sur Terre, il y a trois millions d'années.

L'homme est très différent de la fourmi (voir dessin).

— 18 —

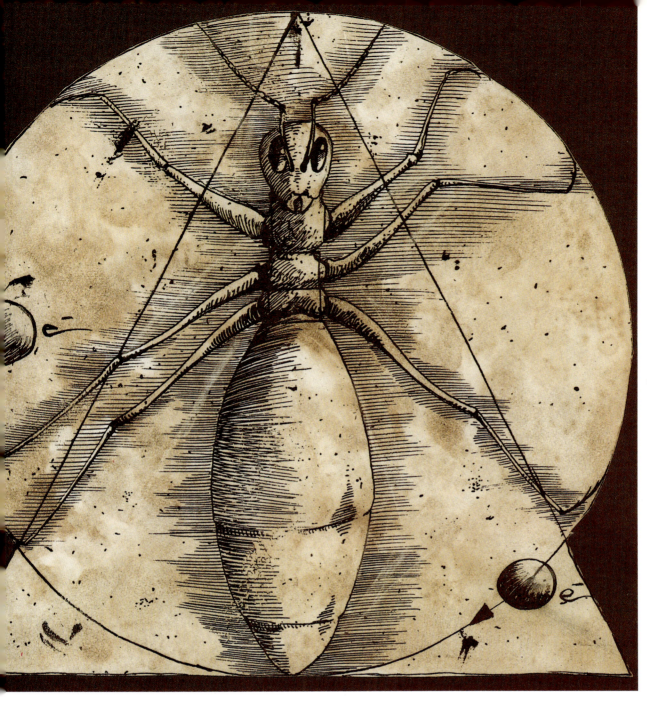

L'homme et la fourmi ont aussi des points communs : ils vivent en ville, connaissent les embouteillages à l'entrée des grandes cités, ont une agriculture et une technologie, utilisent des outils, font la guerre de masse, éduquent leur progéniture, envoient des missions d'exploration loin de leur cité pour mieux connaître le monde.

Au début, les hommes préhistoriques, qui déjà observaient avec fascination les fourmis, ne saisirent pas l'intérêt de bâtir des villes. Ils vécurent donc pendant trois millions d'années en famille et en tribu.

Mais tout comme les fourmis, ils n'étaient pas dotés de défenses naturelles.

Pas de griffes, pas de crocs, pas d'ailes, pas d'aptitude extraordinaire à la course. Bref l'homme et la fourmi étaient dépourvus de gadgets de défense et d'attaque, donc le gibier idéal de tous les animaux.

Le seul moyen de résister, c'était le groupe, la vie sociale, la ville. L'homme mit longtemps à le comprendre.

Ce n'est qu'il y a 5000 ans que fut créée la première cité : Çatal Yuyuk (Anatolie).

Dès lors, on peut dire que les humains entraient dans le jeu. Ils étaient enfin dans le coup. Tout devenait possible.

Conte :
Si le mot "conte" et le mot "compte" ont la même phonétique en français, on s'aperçoit que ce recoupement entre les chiffres et les lettres existe

LE LIVRE SECRET DES FOURMIS

pratiquement dans toutes les langues. Compter des mot ou conter des chiffres, où est la différence ? En anglais, compter se dit count, conter se dit recount. En allemand compter se dit zahlen, conter : erzahlen. En hébreu conter : le saper, compter : li saper. En chinois compter : shu, conter : shu.

Les chiffres et les lettres sont mariés depuis les balbutiements du langage. Chaque lettre correspond à un chiffre, chaque chiffre à une lettre. Les Hébreux le comprirent dès l'Antiquité et c'est pourquoi la Bible est un livre scientifique présenté sous forme de contes codés. En donnant une valeur numérique aux premières lettres des phrases, le lecteur découvre un premier sens caché.

En donnant une valeur numérique aux lettres des mots, il découvre des formules et des associations qui n'ont plus rien à voir avec les légendes ou la religion.

Contrairement à ce que l'on croit, une fourmi a plus de raisons d'être effrayée par un homme que le contraire

Contrariété :
Lorsque l'homme est contrarié, a peur, est heureux ou en rage, ses glandes endocrines produisent des hormones qui n'influent que sur son propre corps. Elles tournent en vase clos. Son cœur va accélérer, il va transpirer, ou grimacer, ou crier, ou pleurer. Ce sera son affaire. Les autres le regarderont sans compatir, ou en compatissant parce que leur intellect en aura décidé ainsi.

Lorsque la fourmi a peur, est heureuse ou en rage, ses hormones circulent dans son corps, sortent de son corps et pénètrent dans le corps des autres. Grâce aux phéro-hormones, ou phéromones, ce sont des millions de personnes qui vont crier et pleurer en même temps. Ce doit être une sensation incroyable de ressentir les choses vécues par les autres et de leur faire ressentir tout ce que l'on ressent soi-même...

Culte des morts :
Le premier élément définissant à proprement parler une civilisation "pensante" est le culte des morts.

Tant que les hommes jetaient leurs cadavres avec leurs immondices, ils étaient des bêtes. Le jour où ils ont commencé à les mettre sous terre ou à les brûler, quelque chose d'irréversible venait de se produire. Soigner ses morts, c'est envisager une vie dans l'au-delà, donc un monde virtuel à côté du monde réel. Soigner ses morts, c'est envisager la vie comme un passage entre deux dimensions. C'est du culte des morts qu'ont découlé tous les comportements religieux.

Le premier culte humain des morts est recensé au paléolithique moyen, il y a de cela 70 000 ans. A cette époque, certaines tribus d'hommes ensevelissaient leurs cadavres dans des fosses de 1,40m x 1m x 0,30 m.

Les membres de la tribu déposaient à côté du corps du défunt des morceaux de viande, des objets en silex et les crânes des animaux qu'il avait chassés. Il semble qu'à cette époque, les funérailles s'accompagnaient d'un repas pris en commun par l'ensemble de la tribu.

Chez les fourmis, on a repéré quelques espèces, notamment en Indonésie, qui continuent de nourrir leur reine défunte plusieurs jours après son décès. Ce comportement est d'autant plus surprenant que les odeurs d'acide oléique dégagées par la morte ont bien signalé à tous son état.

Dauphin : **Le dauphin est un animal énigmatique.** C'est l'un des mammifères possédant le plus gros volume cérébral par rapport à sa taille. Alors que le cerveau du chimpanzé pèse en moyenne 375 g et que celui de l'homme pèse 1450 g, celui du dauphin pèse… 1700 g. Avec un tel cerveau, il est certain que le dauphin a de très grandes capacités à comprendre les symboles et à fabriquer un langage. Pourtant, en dehors de leur formidable aptitude à jouer aux jeux humains et aux acrobaties de cirque type Marineland, on dirait que leur intelligence ne leur sert à rien. Est-ce certain ? Le dauphin est un cétacé, c'est-à-dire un mammifère marin. Comme nous, il respire de l'air, les femelles allaitent leurs petits et accouchent sans pondre d'œuf. Ils sont mammifères car jadis ils ont vécu sur terre. Oui, vous avez bien lu : jadis les dauphins avaient des pattes et marchaient et couraient sur le sol. Ils devaient ressembler à des crocodiles ou à des phoques. Ils ont vécu sur terre et puis un jour, pour des raisons inconnues, on dirait qu'ils en ont eu marre, ils sont revenus dans l'eau. Ils venaient comme nous de l'eau, ils s'étaient adaptés à la terre et puis hop, demi-tour, ils ont considéré que l'eau, c'était finalement mieux. On peut aisément imaginer ce que les dauphins seraient devenus de nos jours s'ils étaient restés sur la croûte terrestre avec leur gros cerveau de 1,7 kg. Des concurrents. Ou plus probablement des précurseurs. Pourquoi l'eau ? L'eau a certes des avantages que n'a pas le milieu terrestre. On peut s'y mouvoir dans trois dimensions alors que sur terre, nous sommes collés au sol. Dans l'eau, il n'y a pas besoin de vêtement, il n'y a pas besoin de maison, il n'y a pas besoin de chauffage. La nourriture est abondante, s'approcher d'un banc de sardines, c'est comme aller au supermarché, si ce n'est que c'est gratuit. En examinant le squelette du dauphin, on peut vérifier que ses nageoires contiennent encore l'ossature de mains aux longs doigts, derniers vestiges de sa vie terrestre. C'est peut-être sur ce détail que tout s'est joué. Ses mains s'étant transformées en nageoires, le dauphin pouvait certes se mouvoir à grande vitesse dans l'eau, mais il ne pouvait plus fabriquer d'outils. C'est peut-être parce que nous étions très mal adaptés à notre milieu que nous avons inventé tout ce délire d'objets qui complètent nos possibilités organiques. Le dauphin, étant heureux dans l'eau, n'avait besoin ni de voiture, ni de télévision, de fusil ou d'ordinateur. Il semble par contre que les dauphins ont bel et bien développé un langage qui leur est propre. C'est un système de communication acoustique s'étendant sur un très large spectre sonore. La parole

On s'est récemment aperçu que les dauphins se donnaient des noms entre eux

LE LIVRE SECRET DES FOURMIS

humaine s'étend des fréquences de 100 à 5000 hertz. La parole dauphin couvre la plage de 3000 à 120 000 hertz. Cela permet évidemment beaucoup de nuances ! Selon le docteur John Lilly, directeur du laboratoire de recherche sur la communication de Nazareth Bay, les dauphins semblent depuis longtemps désireux de communiquer avec nous. Ils approchent spontanément des gens sur les plages et des bateaux et sautent, bougent, sifflent comme s'ils voulaient nous faire comprendre quelque chose. "Ils semblent même parfois agacés lorsqu'on ne les comprend pas" remarque-t-il. Ce comportement "pédagogue" à notre égard est unique dans tout le monde animal.

Au moment de l'acte d'amour, certains mâles fourmis connaissent une telle extase qu'ils éclatent réellement en mille morceaux.

Destin des mères :
Quoi de plus beau et de plus terrible que le destin d'une princesse fourmi ? En été, les lendemains de jour d'orage, la fête de l'envol nuptial commence.

Mâles et femelles, les seuls individus ailés de la cité, se réunissent à l'heure la plus chaude au sommet de la ville.

Les femelles décollent en premier, rapidement suivies par les mâles de taille beaucoup plus réduite.

C'est alors la grande orgie. Chaque femelle se fait ensemencer par un, deux, dix, vingt mâles.

Ceux-ci connaissent une telle extase qu'ils en meurent de plaisir. Chez certaines espèces tropicales, les mâles explosent physiquement au moment de l'éjaculation. On retrouve des débris de leurs corps sur un vaste périmètre.

Mais avant cet instant de pâmoison, les couples enlacés planent en plein ciel quelques minutes. C'est l'amour en trois dimensions. Lorsque la femelle a sa spermathèque pleine, il lui faut désormais fonder une cité. En un jour, elle a emmagasiné suffisamment de sperme pour

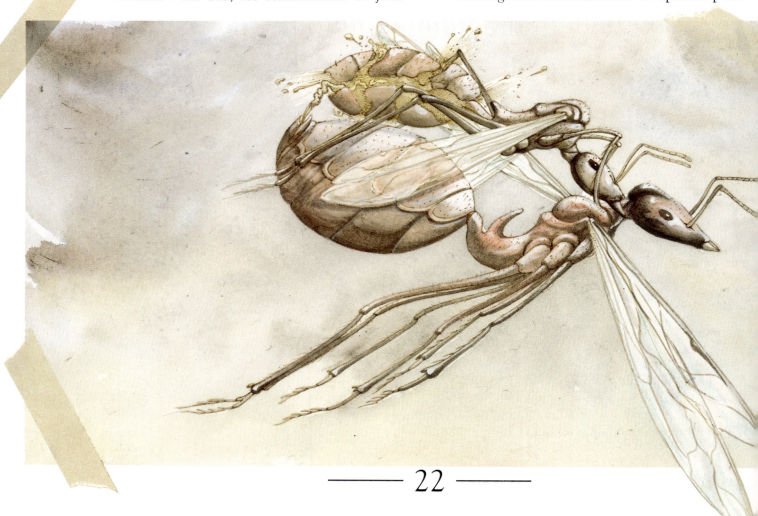

22

Encyclopédie du Savoir Relatif et Absolu

pondre quotidiennement pendant 15 ans.

Elle cherche alors un lieu propice pour atterrir et fonder sa cité. En général, elle est tellement enivrée par ses orgasmes à répétition qu'elle contrôle très mal sa trajectoire. C'est une aubaine pour les oiseaux qui dévorent à pleines becquées celles qui passent à leur portée. Les pare-brise des voitures les aspirent. Les toiles d'araignées les emprisonnent.

Les quelques survivantes qui arrivent à franchir tous ces obstacles et à toucher le sol sont dévorées par les fourmilions, les lézards, les chauves-souris, les grenouilles, les tortues, les hérissons.

En général, sur 2000 princesses (en moyenne) qui s'envolent d'un nid de fourmis rousses, une ou deux seulement parviennent à survivre pour fonder une nouvelle cité.

Dès lors commence la plus terrible des épreuves. La ponte. La reine (une fois fécondée, la princesse mérite bien ce titre...) s'enterre à moitié dans le sol pour se protéger des ennemis. Mais, immobile, elle ne peut trouver de pitance. Alors elle commence par dévorer ses propres ailes qui ne lui servent plus à rien.

Puis elle mange tout ce qui peut traîner de comestible autour d'elle. Elle est bien obligée ensuite de trouver une autre solution. Cette solution, c'est de manger ses propres œufs.

Elle pond un œuf et le mange. Pour ne pas mourir tout de suite et pour trouver l'énergie de pondre d'autres œufs.

Dès lors commence une arithmétique macabre. Elle pond trois œufs, en mange deux, en laisse grandir un. Qu'elle mangera plus tard pour pondre trois nouveaux œufs dont elle laissera le troisième survivre un peu plus longtemps.

Et ainsi de suite jusqu'à ce qu'enfin une fourmi chétive, malingre et faiblarde parce que malnutrie soit capable de sortir du trou pour rapporter un peu de nourriture de l'extérieur.

Cette fourmi nourrira la reine qui, ainsi, pourra enfin pondre des œufs de qualité. Lorsque ceux-ci seront éclos, donnant naissance à la première génération de citoyens "normaux", ceux-ci auront comme première tâche de tuer la première fourmi malingre. Ainsi sera effacée toute trace de douleur et de cannibalisme. En tuant cette première fourmi qui a permis à la ville de naître, la fourmilière redevient sans tache. Toutes les nouvelles générations de fourmis ignoreront que tout a commencé par des actes de cannibalisme d'une mère sur ses enfants et par le meurtre de l'individu héroïque qui a sauvé la cité.

Destructeur de cité :

Il existe dans l'histoire toute une série de grandes figures allergiques à la notion de cité. Parmi elles, on peut citer Attila et Pol Pot. Ces deux tyrans considéraient que la ville avec sa surface exiguë sur laquelle s'entasse toute une masse d'individus ne peut générer que la corruption, la malveillance et la perversion. Selon eux, seuls la campagne et le grand air pouvaient être l'avenir de l'homme.

Les reines ont toujours beaucoup de difficultés à créer tranquillement leur cité.

Attila n'aimait pas les villes.

Deuil du bébé :

A l'âge de 8 mois, le bébé connaît une **angoisse particulière** que les pédiatres nomment "le deuil du bébé". Chaque fois que sa mère s'en va, il croit qu'elle ne reviendra plus jamais. Il est persuadé qu'elle est morte. Cela peut susciter des crises de larmes et tous les symptômes de l'angoisse. Même si sa mère revient, il s'angoissera à nouveau lorsqu'elle repartira. En fait, c'est à cet âge que le bébé comprend qu'il y a dans ce monde des choses qui se passent et qu'il ne contrôle pas. Le "deuil du bébé" peut s'expliquer par la prise de concience de son autonomie par rapport au monde. Drame insoutenable : "je" est différent de tout ce qui m'entoure.

Le bébé et sa maman ne sont pas irrémédiablement liés, donc on peut se retrouver seul, on peut être en contact avec des "étrangers qui ne sont pas maman" (est considéré comme étranger tout ce qui n'est pas maman et à la rigueur papa, pépé et mémé).

Il faudra attendre que le bébé ait l'âge de 18 mois pour qu'il accepte la disparition momentanée de sa mère

La plupart des autres angoisses (peur de la solitude, de la perte d'un être cher, peur d'affronter des étrangers hostiles) que le bébé connaîtra jusqu'à sa vieillesse découleront de cette première douleur.

Dieu :

Dieu existe-t-il ? Si Dieu existe, il est par définition omniprésent et omnipotent. Il est partout et il peut tout faire. Mais s'il peut tout faire, est-il aussi capable de créer un monde où il ne se trouve pas et où il ne peut rien faire ?...

Dinosaure :

Parmi la **variété des dinosaures** qui peuplaient la terre il y a soixante-cinq millions d'années, il existait des dinosaures de toutes les tailles et de toutes les formes. Or une espèce particulière avait notre taille, marchait sur deux pattes et possédait même un cerveau occupant pratiquement autant de volume que le nôtre : les sténonychosaures.

Alors que notre ancêtre ne ressemblait qu'à une musaraigne, les sténonychosaures étaient vraiment des animaux très évolués. Ces bipèdes aux allures de kangourou à peau de lézard avaient des yeux en forme de soucoupe capables de voir devant et derrière leur tête (avouons que ce gadget nous manque). Grâce à une sensibilité oculaire extraordinaire, ils pouvaient chasser même à la tombée de la nuit. Ils possédaient des griffes rétractables comme les chats, de longs doigts et de longs orteils aux capacités de préhensibilité étonnantes. Ils pouvaient par exemple prendre un caillou et le jeter.

Les professeurs canadiens Dale Russel et R. Seguin (Ottawa) qui ont bien étudié les sténonychosaures pensent qu'ils disposaient d'une capacité d'analyse de l'environnement exceptionnelle, surpassant celle de toutes les autres espèces de l'époque et leur permettant d'être une espèce dominante malgré leur taille réduite.

Un squelette de sténonychosaure, trouvé dans l'Alberta (Canada) en 1967, confirme que ces reptiles avaient des zones d'activité cérébrale très différentes des autres dinosaures. Comme nous, ils avaient le cervelet et le bulbe rachidien anormalement développés. Ils pouvaient comprendre, réfléchir, mettre au point une stratégie de chasse, même en groupe.

Bien sûr, d'allure générale, le sténonychosaure ressemblait davantage à un kangourou qu'à une concierge du 19ème arrondissement parisien, mais selon Russel et Seguin, si les dinosaures n'avaient pas disparu, ce serait probablement cet animal qui aurait su développer la vie sociale et la technologie.

A un petit accident écologique près, ce reptile aurait très bien pu conduire des voitures, bâtir des gratte-ciel et inventer la télévision. Et nous, malheureux primates retardataires, n'aurions plus eu de places que dans les zoos, les laboratoires et les cirques...

Échecs :

L'ancêtre de tous les jeux d'échecs, de tous les jeux de cartes et même de certains dominos est un seul et unique jeu : le jeu de Shaturanga (mot sanscrit). Les plus anciennes traces de ce jeu remontent à environ mille ans avant JC, on pense qu'il est né dans le sud de l'Inde.

C'est une sorte de jeu d'échecs à 4.

Chacun joue dans un coin.

Les coups sont tirés aux dés pour savoir qui va jouer. Le dé est un osselet. Et l'osselet porte sur ses facettes les noms des quatre principales castes hindoues.

La caste des prêtres est symbolisée par une sorte de vase, la caste des militaires par une épée, celle des paysans par un épi ou un bâton et celle des marchands par une pièce de monnaie.

Chaque couleur est soumise à une hiérarchie : vizir, ministre, éléphant, une tour, un chevalier et quatre pions. Le tout correspond à la fois aux pièces d'un échiquier et aux figures d'un jeu de cartes.

Par la suite, les castes se sont transformées en couleurs.

Bâton égale trèfle.

Pièce de monnaie égale carreau.

Le vase c'est le cœur.

L'épée c'est le pique.

(Aux échecs, l'invention de la reine est entièrement occidentale. De même, le canon est chinois. L'apparition de la reine dans le jeu d'échecs date de l'époque de Christophe Colomb. Elle symbolise le pouvoir de se déplacer tous azimuts. De fait, en Occident, on joue aux dames espagnoles.)

On ne sait pas d'où part cette subdivision en quatre. Peut-être des quatre bases azotées ATGC gravées dans le plus profond de nos cellules.

Économie :

Jadis, les économistes pensaient qu'une société saine est une société en expansion. Le taux de croissance était le thermomètre de la santé de n'importe quelle structure : état, entreprise, salaire. Cependant, on ne peut pas sans cesse foncer en avant tête baissée. Le temps est venu de stopper l'expansion avant qu'elle ne nous retombe dessus. L'expansion économique n'a pas d'avenir. Le seul état durable est celui d'équilibre des forces. Une société, un état ou un travailleur sain sont une société, un état ou un travailleur qui n'abîme pas et n'est pas abîmé par son entourage.

Nous ne devons plus viser à conquérir, mais à nous intégrer à la nature et au cosmos. Le maître-mot est : harmonie. Interpénétration harmonieuse entre monde extérieur et monde intérieur, sans violence, sans prétention.

Bricolage : Il est possible de fabriquer un jeu d'échecs pour jouer à quatre personnes mais il faut agrandir l'échiquier (l'idéal serait d'avoir 12 cases sur la longueur et 12 sur la largeur), mettre des obstacles au milieu pour empêcher la symétrie des tours et des tours et tirer l'ordre du jeu aux dés (sinon 3 joueurs s'unissent facilement pour mettre mat le quatrième).

Empathie : "Évidemment, vues sous cet angle les choses paraissent différentes, je sais mieux votre agacement désormais." s'exclama-t-il en essayant d'être le plus convaincant possible. Mais la jeune fourmi ne connaissait pas le langage humain et pour tout dire cette situation l'amusait.

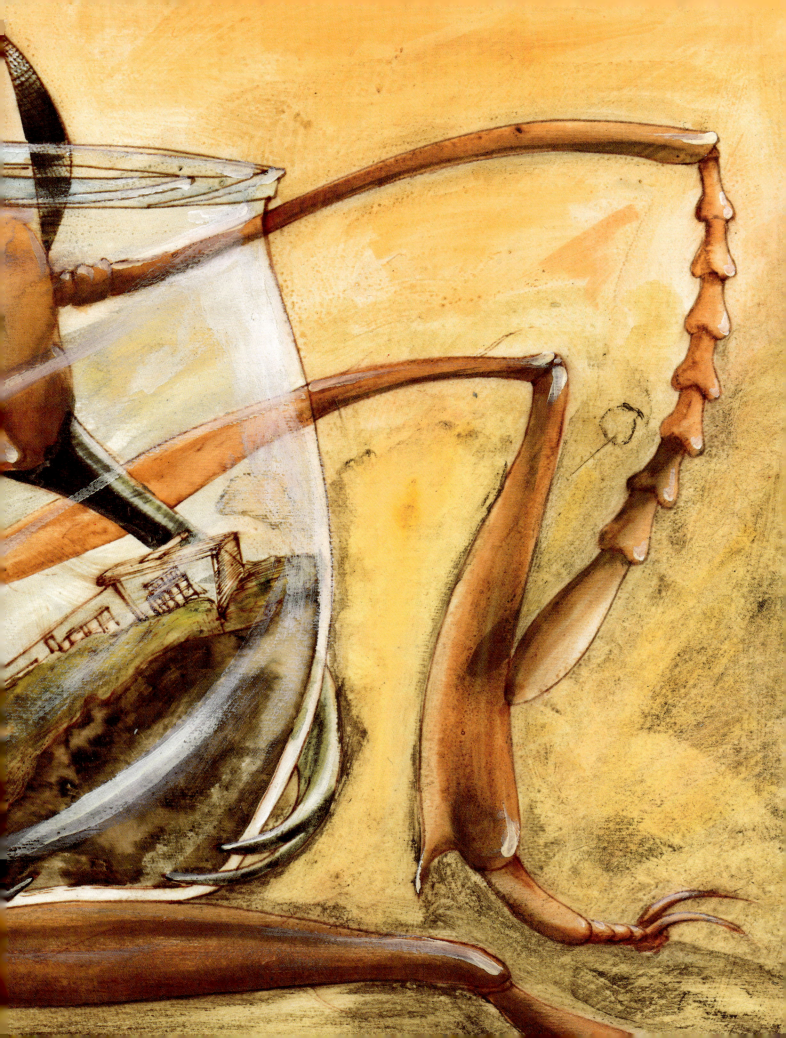

Le jour où l'homme et la société humaine n'auront plus aucun sentiment de supériorité ou d'infériorité face à un phénomène naturel, l'homme sera en homéostasie avec son univers. Il connaîtra l'équilibre. Il ne vivra plus dans le futur et dans les objectifs à atteindre, mais dans le présent tout simplement.

Trouver sa place dans le temps et dans l'espace.

Education : L'éducation des fourmis se fait selon différentes étapes.

- Du premier au 10ème jour, la plupart des jeunes s'occupent de la reine pondeuse. Elles la soignent, la lèchent, la caressent. En retour, celle-ci les badigeonne de sa salive nourrissante et désinfectante.
- Du 11ème au 20ème jour, les ouvrières obtiennent le droit de soigner les cocons.
- Du 21ème au 30ème jour, elles surveillent et nourrissent les larves cadettes.
- Du 31ème au 40ème jour, elles vaquent aux tâches domestiques et de voirie tout en continuant à soigner la reine-mère et les nymphes.
- Le 40ème jour est une date importante. Jugées suffisamment expérimentées, les ouvrières ont le droit de sortir de la cité.
- Du 40ème au 50ème jour, elles servent de gardiennes ou de trayeuses de pucerons.
- Du 50ème au dernier jour de leur vie, elles peuvent accéder à l'occupation la plus passionnante pour une fourmi citadine : la chasse et l'exploration de contrées inconnues.

Nota : dès le 11ème jour, les sexués ne sont plus astreints au travail. Ils restent le plus souvent oisifs, consignés dans leurs quartiers jusqu'au jour du vol nuptial.

Empathie :

ONZIEME COMMANDEMENT : Cette nuit, j'ai fait un rêve étrange. J'imaginais que Paris était introduit dans un pot transparent par une grande pelle. Une fois dans le pot, toute la ville était secouée, si bien que la pointe de la tour Eiffel venait percuter le mur de mes toilettes. On était renversé. Je roulais au plafond, des milliers de piétons s'écrasaient contre ma fenêtre close. Les meubles roulaient et je m'enfuyais de mon appartement.

Dehors, tout était sens dessus dessous, l'Arc de Triomphe était en morceaux, Notre-Dame de Paris à l'envers avec ses tours profondément enfoncées dans la terre. Des wagons de métro jaillissaient du sol éventré, crachant leur confit humain. Je courais parmi les décombres jusqu'à une gigantesque paroi de verre. Derrière la paroi de verre, un œil. Rien qu'un œil, grand comme le ciel entier, et qui m'observait. A un moment, l'œil curieux de mes réactions se mit à taper contre la paroi avec ce que je pensai être une cuillère géante. Un assourdissant bruit de cloche retentit. Toutes les vitres encore intactes explosèrent. L'œil me regardait toujours, cent fois plus grand qu'un soleil.

Je n'aimerais pas que pareils faits se produisent dans la réalité. Depuis ce rêve, je ne vais plus chercher de fourmilières dans la forêt. Si les miennes meurent, je n'en installerai aucune autre. Ce rêve m'a inspiré un 11ème commandement que je commencerai par appliquer moi-même avant de tenter de l'imposer à mon entourage : "Ne fais pas aux autres ce que tu n'as pas envie qu'on te fasse." Et dans le mot "autres", j'entends tous les autres.

Energie : Lorsque l'on monte sur un grand huit dans une fête foraine, il y a deux attitudes possibles. Un : se mettre dans le wagonnet du fond et

Encyclopédie du Savoir Relatif et Absolu

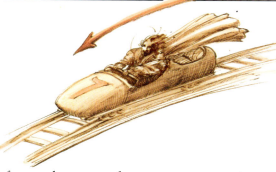

fermer les yeux, dans ce cas on a très peur. On subit la vitesse. Chaque fois qu'on entrouvre les yeux, la frayeur est décuplée. La deuxième attitude consiste à se mettre au premier rang du premier wagonnet et à ouvrir grand les yeux en se disant qu'on vole et qu'on veut aller de plus en plus vite. On imagine qu'on dirige le train. On éprouve une forte impression de puissance.

De même le hard rock, si on ne l'écoute pas, peut sembler une musique violente et assourdissante. On la subit, et pratiquement aucun animal ne supporte de rester à côté d'un baffle diffusant du hard rock. Pourtant, on peut non pas subir, mais utiliser cette énergie pour l'absorber et la détourner. On est alors dopé et complètement survolté par cette violence musicale. Tout ce qui dégage de l'énergie est dangereux si on le subit et merveilleux si on parvient à le canaliser à son profit.

Ennemis :
Ce n'est pas facile mais il faut être capable d'aimer ses ennemis, ne serait-ce que pour les énerver.

Enigme :
En cours d'informatique, on cite parfois une énigme que peut résoudre un être humain et que pour l'instant aucun ordinateur ne peut résoudre. La voici. Un homme demande a un autre les âges de ses trois filles.
L'autre répond : "la multiplication de leurs 3 âges donne le nombre 36."
- Je n'arrive pas à déduire leur âge ! répond le premier.
- L'addition de leurs âges donne le même nombre que celui qui est inscrit au-dessus de ce porche, juste en face de nous.
- Je n'arrive toujours pas à répondre ! dit le premier.
- L'aînée est blonde.
- Ah oui, évidemment, je comprends leurs âges respectifs, maintenant.
Comment a-t-il fait? Tout simplement en raisonnant comme un "humain". Vous voulez tout de suite la réponse ? (Si vous voulez réfléchir, cachez vite la suite avec un papier.)
La multiplication de leurs âges donnant 36, on a forcément l'une des huit combinaisons suivantes.

    36 = 2x3x6 ce qui lorsqu'on additionne les chiffres donne 11
    36 = 2x2x9 ce qui lorsqu'on additionne les chiffres donne 13
    36 = 4x9x1 ce qui lorsqu'on additionne les chiffres donne 14
    36 = 4x3x3 ce qui lorsqu'on additionne les chiffres donne 10

Individu moyen ricanant aimablement à la face de son ennemi juré mais néanmoins proche.

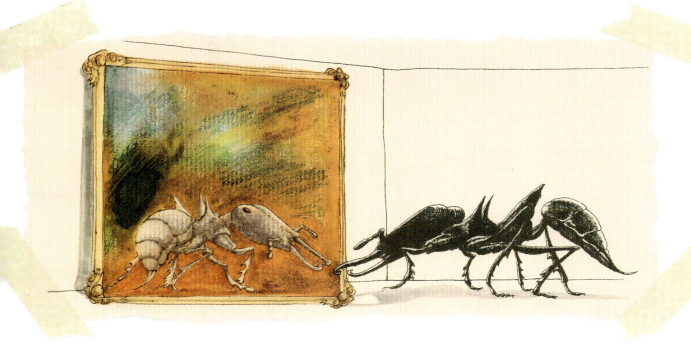

36 = 18x2x1 ce qui lorsqu'on additionne les chiffres donne 21
36 = 12x3x1 ce qui lorsqu'on additionne les chiffres donne 16
36 = 6x6x1 ce qui lorsqu'on additionne les chiffres donne 13
36 = 36x1x1 ce qui lorsqu'on additionne les chiffres donne 38

On a donc huit solutions possibles et c'est pour cela que l'interlocuteur ne peut répondre.
Quand il dit que l'addition de leurs âges est similaire au chiffre du porche et que l'interlocuteur répond qu'il ne peut toujours pas savoir, c'est qu'il y a encore plusieurs solutions. Or 2x2x9 donne 13 en addition et 6x6x1 donne aussi 13. Le numéro au-dessus du porche est donc le nombre 13. Il y a encore deux possibilités.
"L'aînée est blonde" permet enfin de savoir qu'il y a une aînée, donc une personne plus âgée n'ayant pas de jumeau. La seule formule acceptable est donc la première. Les trois enfants ont donc respectivement 9 ans, 2 ans et 2 ans.

Ça a l'air un peu compliqué comme ça mais c'est très simple.

Emplacements citadins :
Dans les grandes villes, les emplacements des quartiers riches et des quartiers pauvres sont liés à des facteurs très précis.

A Paris par exemple, les quartiers riches ont été installés à l'ouest et les quartiers pauvres à l'est car le vent souffle de la mer vers la terre. Donc d'ouest en est. Ainsi les mauvaises odeurs et les pollutions des quartiers riches venaient (et viennent encore) empester l'atmosphère des quartiers pauvres.

Par contre, dans les villes américaines comme New York ou Los Angeles, les quartiers riches sont actuellement en périphérie et les quartiers pauvres au centre. Tout simplement parce que le pays étant immense, on construit au fur et à mesure le neuf à l'extérieur. Résultat : les quartiers du centre sont vétustes.

Lors des émeutes urbaines, la police a pu vérifier un autre avantage dans cette disposition : au centre, les pauvres sont encerclables. En périphérie, les riches peuvent s'enfuir.

Ere du cortex :
Le langage montre le mouvement de l'évolution de notre cerveau. Au départ, il n'existait que peu de mots mais les intonations permettaient d'en préciser le sens. C'était le cerveau des émotions, le système limbique qui permettait de se faire comprendre. De nos jours, le vocabulaire est vaste, si bien que l'on n'a plus besoin d'intonations pour préciser une nuance exacte. Le vocabulaire est fabriqué par notre cortex. Nous utilisons le langage des

raisonnements, des systèmes de logique, des mécanismes automatiques de pensée.

Le langage n'est qu'un symptôme.

Notre évolution va du cerveau reptilien vers le système limbique et du système limbique vers le cortex. Nous sommes en train de vivre le règne de l'intelligence cortexienne. Le corps est oublié, tout devient raisonné. C'est pourquoi on voit tant de maladies psychosomatiques (la raison ou la déraison agit sur la chair). Plus nous avancerons, davantage les gens consulteront le psychanalyste et le psychiatre. Ce sont eux les médecins du cortex. Donc les médecins du futur.

Encyclopédie du Savoir Relatif et Absolu

Espace :

Avec les meilleurs téléscopes, on ne peut voir autour de nous dans l'espace présent. On ne peut voir qu'en arrière dans l'espace passé.

Nous ne sommes entourés que par des lueurs du passé.

Parce que la lumière a une vitesse et que les images des étoiles qui nous parviennent aujourd'hui ont été émises il y a longtemps. Ce sont des lueurs qui ont voyagé parfois sur des millions de kilomètres pour venir scintiller dans nos nuits.

La zone de notre vision de l'espace forme une sorte de long "radis" qui s'étend dans le tréfonds de nos origines spatiales.

Essaimage :

Chez les abeilles, l'essaimage obéit à un rituel insolite. Voilà une cité, un peuple, un royaume entier qui, au summum de sa prospérité et de sa tranquillité, décide de tout remettre en cause. La vieille reine qui avait mené son état à la réussite s'en va, abandonnant le plus précieux : stocks de nourriture, quartiers construits, palais somptueux, réserves de cire, de propolis, de pollen, de miel, de gelée royale. Elle l'abandonne à qui ? A des nouveaux-nés féroces.

L'ancienne reine, accompagnée de ses ouvrières, quitte la ruche pour s'installer dans un ailleurs incertain. Où elle n'arrivera le plus souvent jamais. Elle le sait, mais elle le fait quand même.

Quelques minutes plus tard, les enfants-abeilles se réveillent et découvrent leur ville déserte. Chacun sait déjà ce qu'il a à faire. Les ouvrières asexuées courent aider les princesses sexuées à éclore. C'est l'éveil des belles au Bois dormant, assoupies dans leurs capsules sacrées.

On les dégage de leur cercueil de cire, on les nettoie, on les apprête, on les lèche. On aide leurs pattes chancelantes à supporter leur jeune corps de monarque.

La première en état de marcher affiche d'emblée son comportement belliqueux. Elle fonce vers les autres berceaux de princesses-abeilles et les lamine de ses petites mandibules. Elle empêche les ouvrières de les dégager, elle s'acharne sur ses sœurs endormies, les tire de leurs alvéoles, se retourne et les transperce de part en part de son aiguillon venimeux.

Plus elle tue de princesses rivales, plus la première réveillée s'apaise. Autour d'elle, les ouvrières abeilles n'osent intervenir, elles se contentent simplement de jeter les cadavres des assassinées. Parfois certaines se risquent à protéger des berceaux. La reine pousse alors un crissement spécial qui est un "cri de rage abeille" (quand on s'approche d'une ruche, on entend parfois ce son très différent du bourdonnement général).

Dès qu'elles le perçoivent, les ouvrières baissent la tête en signe de résignation et laissent les crimes se poursuivre.

Parfois, une princesse se défend et on assiste à des combats terribles. Mais, fait étrange, lorsqu'il ne reste plus que deux reines abeilles à se battre en duel, elles ne se mettent jamais en position de se percer mutuellement avec leur dard. Il faut à tout prix qu'il y ait une survivante. Malgré leur rage de gouverner, elles ne prendront jamais le risque de mourir simultanément en laissant la ruche orpheline.

Une fois le ménage

LE LIVRE SECRET DES FOURMIS

effectué, la princesse abeille survivante sort alors seule de la ruche pour se faire féconder en vol par les mâles. Après avoir fait un cercle ou deux autour de la cité, elle revient et se met à pondre.

Etre ensemble :

Selon la philosophie soufi, l'une des premières règles du bonheur consiste à s'asseoir avec des amis ou des gens qu'on aime.

On s'assoit, on ne dit rien, on ne fait rien. On se regarde ou on ne se regarde pas. Toute l'extase vient du plaisir d'être entouré de gens avec lesquels on se sent bien. Plus besoin de s'occuper ou d'occuper l'espace sonore. On se contente d'apprécier cette muette coexistence.

Extrême-Orient :

Grand choc de deux civilisations : la rencontre de l'Occident et de l'Orient.

En l'an 115 de notre ère, les annales de l'empire chinois signalent l'arrivée d'un bateau, vraisemblablement d'origine romaine, que la tempête avait malmené et qui après plusieurs jours de dérive avait échoué sur les côtes chinoises.

Or les passagers de cette nef étaient pour la plupart des acrobates, des jongleurs et des clowns appartenant à une troupe itinérante. A peine débarqués, et leur première surprise passée, ils voulurent se concilier les curieux habitants de ce pays inconnu en leur donnant un spectacle. Les paysans chinois virent ainsi, bouche bée, ces étrangers aux yeux trop ronds cracher le feu, nouer leurs membres en contorsions saugrenues, changer des grenouilles en serpents, faire virevolter des ballons multicolores. Certains avaient le visage barbouillé de blanc et accomplissaient des grimaces ridicules, d'autres marchaient sur les mains avec les pieds en l'air.

C'est donc ainsi que vivaient les hommes au-delà de l'Himalaya !

Les Asiatiques conclurent à bon droit que l'ouest était peuplé de clowns, de cracheurs de feu et de marcheurs sur les mains. Et plusieurs centaines d'années passèrent avant qu'une occasion de les détromper ne se présente.

F

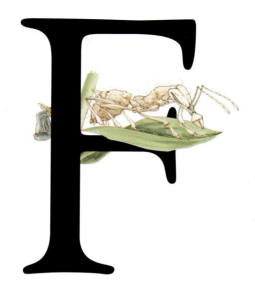

Feuille :

On se demande parfois pourquoi les feuilles de papier courantes font 21 x 29,7cm. Ces dimensions sont en fait un "canon" (rapport de proportion entre plusieurs nombres) qui a été découvert par Léonard de Vinci. Il a une propriété extraordinaire : lorsqu'on plie une feuille 21 x 29,7 en deux, la longueur devient la largeur et on obtient toujours la même proportion entre les deux. On peut continuer à plier comme ça autant de fois la feuille 21 x 29,7, on garde toujours ce même rapport. C'est la seule proportion à posséder cette propriété.

Fœtus :

Quand on est fœtus dans le ventre de sa mère, on entend en permanence toutes sortes de sons dans les tonalités graves : le battement du cœur de l'hôte, les gargouillis du transit intestinal et le bruit rauque des soufflets pulmonaires qui se gonflent et se dégonflent plus ou moins rapidement selon les émotions.

C'est peut-être pour cela que le rock, avec son battement de batterie deux temps et ses basses bien frappées, nous touche profondément. Cela nous rappelle la période tiède et tranquille où nous étions de gros poissons sans souci dans le ventre de notre mère.

Folie :

Individuellement, nous devenons chaque jour tous un peu plus fous et d'une folie différente les uns des autres. C'est pour cela que nous nous comprenons si mal. Je me sens moi-même atteint de paranoïa et de schizophrénie. Je suis en outre hypersensible, ce qui déforme ma vision de la réalité. Je le sais. Mais j'essaie, plutôt que de les subir, d'utiliser ces folies comme moteur de ce que j'entreprends. Plus je réussis, plus je deviens fou. Et plus je deviens fou, plus je réussis dans les objectifs que je me suis fixés. La folie est un lion furieux qu'il ne faut surtout pas tuer, il suffit de l'identifier, de le traquer, de le coincer et d'y attacher une carriole.

Votre lion apprivoisé vous mènera alors bien plus loin que ne pourront vous amener aucune école, aucun maître, aucune drogue, aucune religion. Mais comme toute source de puissance, il y a un risque à trop jouer avec sa propre folie : parfois la carriole, prise de vitesse, casse et le lion furieux se retourne contre celui qui voulait le piloter.

Vous souvenez-vous de la musique que l'on vous faisait écouter pour vous endormir quand vous étiez bébé ? Essayez de la retrouver. C'est un bon truc pour les insomniaques. 40 ans après, cette petite mélodie est toujours efficace pour vous endormir.

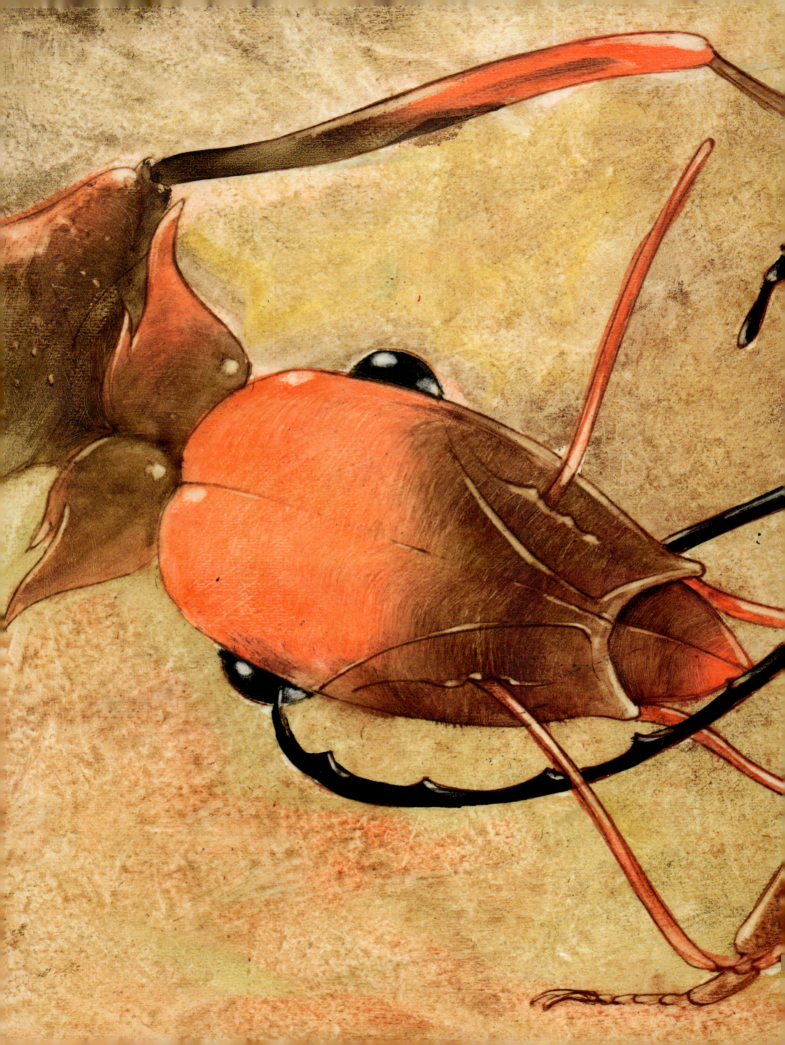

LE LIVRE SECRET DES FOURMIS

Fonctionnalité :

Qu'y a-t-il de plus fonctionnel qu'une fourmi ? Son aérodynamisme est parfait. Ses lignes sont toutes courbes et épurées. Toute la carrosserie de l'insecte est étudiée pour que chaque membre s'emboîte parfaitement dans l'encoche prévue à cet effet. Chaque articulation est une merveille mécanique. Les plaques s'encastrent comme si elles avaient été conçues par un designer assisté par ordinateur. Jamais ça ne grince, jamais ça ne frotte. La tête triangulaire creuse l'air, les pattes longues et fléchies donnent au corps une suspension confortable au ras du sol. On croirait une voiture de sport italienne.

Les griffes lui permettent de marcher au plafond. Les yeux ont une vision panoramique à 360°. Les antennes saisissent des milliers d'informations invisibles à l'humain et leur extrémité peut servir de marteau. L'abdomen est rempli de poches, de sas, de compartiments où l'insecte peut stocker des produits chimiques. Les mandibules coupent, pincent, attrapent. Un formidable réseau de tuyauterie interne lui permet de laisser des messages odorants.

La fourmi est remplie de gadgets bien pratiques comme ces rotules multidirectionnelles ou ces brosses tibiales pour se nettoyer les antennes.

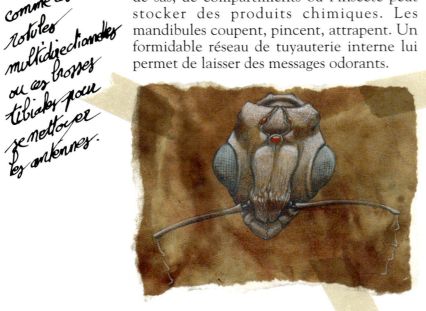

Formique (acide) :

L'acide formique est une composante essentielle de la vie. L'homme en possède d'ailleurs dans ses cellules. Jadis, l'acide formique était employé pour conserver les aliments ou les cadavres d'animaux. Mais on l'utilisait principalement pour nettoyer les taches sur les draps. Comme on ignorait comment fabriquer cette substance chimique de manière synthétique, on la prenait directement chez les insectes. Pour ce faire, on entassait des millions de fourmis dans un pressoir puis on serrait l'écrou jusqu'à ce qu'il sorte un jus jaunâtre. Cette "huile de fourmis", une fois filtrée, était vendue dans toutes les drogueries au rayon détergents.

Fusil organique :

Les carabes bombardiers (**Brachynus crepitans**) possèdent un "fusil organique". Lorsqu'ils sont attaqués, ils dégagent une

Encyclopédie du Savoir Relatif et Absolu

Ces coléoptères savent viser en orientant le bec flexible où le mélange détonant s'opère. Ils peuvent ainsi frapper une cible à quelques centimètres de distance. S'ils ne la touchent pas, le vacarme de la détonation est suffisamment fort pour faire fuir n'importe quel assaillant.

Un carabe conserve normalement trois ou quatre salves en réserve. Mais certains entomologistes ont dépisté des espèces de carabes bombardiers capables, lorsqu'ils sont stimulés, de tirer 24 coups d'affilée. Les carabes bombardiers sont orange et bleu argenté. Ils se repèrent très facilement. On dirait que, armés de leur canon, ils se sentent si invulnérables qu'ils n'ont pas peur de s'afficher en vêtements bariolés. De manière générale, tous les coléoptères qui déploient des couleurs flamboyantes et des élytres gravés de graphismes éclatants recèlent un "gadget de défense" destiné à éloigner les curieux.

Nota : sachant que l'animal est délicieux si on ne tient pas compte de ce gadget, les souris sautent sur les carabes bombardiers et enfoncent immédiatement leur abdomen dans le sable avant que le mélange détonant n'ait eu le temps d'entrer en action. Le coup part alors dans le sable, et lorsque l'animal a tiré toutes ses munitions, la souris le dévore en commençant par la tête.

petite fumée et soudain une détonation éclate. Le carabe bombardier la produit en associant deux substances chimiques de deux glandes distinctes. La première libère une solution contenant 25 pour cent d'eau oxygénée et 10 pour cent d'hydroquinone. La deuxième glande fabrique une enzyme, la péroxydase. En se mélangeant dans une chambre de combustion, ces jus atteignent la température de l'eau bouillante, 90°, ce qui dégage tout d'abord de la fumée, puis propulse un jet de vapeur rempli de gouttelettes d'acide nitrique. Si l'on approche la main d'un carabe bombardier, son canon projette sur la peau une nuée de gouttes rouges, brûlantes et très odorantes. L'acide nitrique provoque des cloques sur la peau.

Gestalt :

Une expérience scientifique répétée dans plusieurs pays démontre que les souris avaient en 1901 une note de 6 sur 20 par rapport à une batterie de tests d'intelligence donnée.

La même expérience reprise en 1965 avec exactement les mêmes tests effectués dans les mêmes pays montra que les souris avaient maintenant une moyenne de 8 sur 20. Cette moyenne n'était pas restreinte géographiquement. Les souris européennes n'étaient pas plus ou moins intelligentes que les souris américaines, africaines, australiennes ou asiatiques. Toutes les souris de 1965 de tous les continents avaient obtenu globalement une meilleure note au test que celles de 1901. Tout s'était passé comme si les souris terriennes avaient progressé simultanément et partout.

Cette expérience laisse penser qu'il existe une sorte d'intelligence planétaire "souris" qui s'est améliorée avec le temps.

Chez les humains, on a constaté de même que certaines inventions ont été découvertes simultanément en Chine, aux Indes, en Europe : le feu, la poudre, le tissage. Encore de nos jours, des découvertes sont effectuées dans plusieurs points du globe durant des périodes restreintes. A croire que certaines idées flottent dans l'air au-dessus de l'atmosphère et que ceux qui ont la capacité de les y pêcher uniformisent l'intelligence planétaire de l'espèce.

Et si nous ne participions tous qu'à un seul esprit humain global s'exprimant par 5 milliards de pensées ?

Les souris savent aujourd'hui résoudre des problèmes qu'elles auraient été incapables de résoudre il y a cinquante ans.

Encyclopédie du Savoir Relatif et Absolu

Grillon du métro :

L'histoire des grillons du métro parisien commence en 1900. Nul ne sait comment ils sont montés à Paris. Sans doute ont-ils voyagé clandestinement dans des cageots de légumes ou d'épices.

Débarqués dans la capitale, voici nos insectes aussi perdus que des provinciaux. La plupart meurent de froid. Les survivants squattent les endroits les plus chauds : fournils de boulangers et cuisinières de grands-mères. Enfin un petit groupe découvre la terre promise : le métro parisien. Au ras du sol, entre les rails, règne du fait des frottements des roues un climat quasi tropical. Le ballast, formé de roche éruptive, stocke les calories libérées par les rames. La température entre les rails est de 27 degrés entre 4 et 5 heures du matin, et de 34 degrés entre 18 et 23h.

Les grillons se nourrissent des miettes, des détritus, des papiers gras, brins de laine, et même des mégots qui traînent sur les ballasts. Entre deux rames, les mâles stridulent pour attirer les femelles. Lorsque celles-ci s'approchent, les mâles se réunissent entre les rails pour se défier au chant. Ceux qui stridulent le plus fort font fuir les autres. Les grillons en viendront aux pattes si les mauvais chanteurs refusent de décamper. Puis les mâles et les femelles grillons restent là à attendre le métro. Quand la rame arrivera, ils se placeront sous le rhéostat des voitures, là où l'air est le plus brûlant, pour se livrer à leurs ébats romantiques. C'est à la station Saint-Augustin qu'ils sont actuellement les plus nombreux et les plus faciles à observer. Ils ne craignent que deux choses : les araignées cracheuses de glu (scytodes) et les grèves qui font refroidir les rails...

Les grillons aiment faire l'amour sur l'acier bouillant des rames de métro chauffé par les coups de freins.

Le Livre Secret des Fourmis

Guerrier : On reconnaît le **vrai guerrier** au fait qu'il s'intéresse plus à ses ennemis qu'à ses amis.

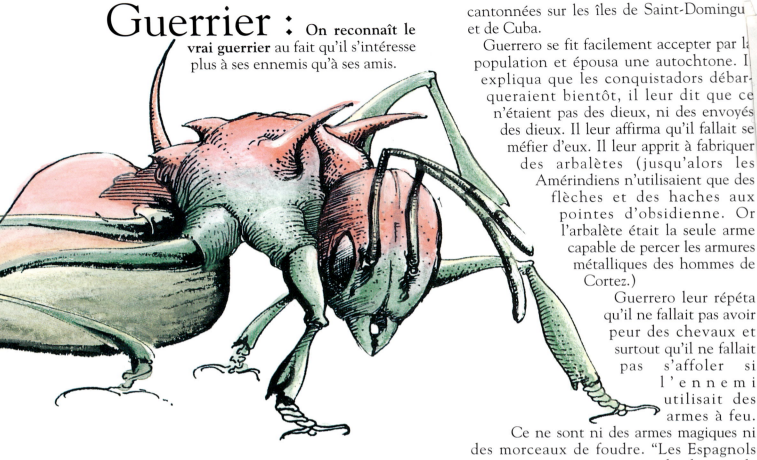

Guerrero : Le contact entre **deux civilisations** constitue toujours un instant délicat. L'arrivée des premiers Occidentaux en Amérique Centrale a donné lieu à un vaste quiproquo. La religion aztèque enseignait qu'un jour, des messagers du dieu serpent à plumes, Quetzalcoatl, arriveraient. Ils auraient la peau claire, trôneraient sur de grands animaux à quatre pattes et cracheraient le tonnerre pour châtier les impies.

Si bien que lorsque, en 1519, on leur signala que des cavaliers espagnols venaient de débarquer sur la côte mexicaine, les Aztèques pensèrent que c'étaient des "Teuls" (divinités en langue nahuatl).

Pourtant, quelques années avant leur apparition, en 1511, un homme, Guerrero, les avait avertis. Ce marin espagnol avait fait naufrage sur la côte du Yucatan, alors que les troupes de Cortez étaient encore cantonnées sur les îles de Saint-Domingue et de Cuba.

Guerrero se fit facilement accepter par la population et épousa une autochtone. Il expliqua que les conquistadors débarqueraient bientôt, il leur dit que ce n'étaient pas des dieux, ni des envoyés des dieux. Il leur affirma qu'il fallait se méfier d'eux. Il leur apprit à fabriquer des arbalètes (jusqu'alors les Amérindiens n'utilisaient que des flèches et des haches aux pointes d'obsidienne. Or l'arbalète était la seule arme capable de percer les armures métalliques des hommes de Cortez.)

Guerrero leur répéta qu'il ne fallait pas avoir peur des chevaux et surtout qu'il ne fallait pas s'affoler si l'ennemi utilisait des armes à feu.

Ce ne sont ni des armes magiques ni des morceaux de foudre. "Les Espagnols sont composés comme vous de chair et de sang, on peut les vaincre", ne cessait-il de répéter. Et pour le prouver, il se fit une grande blessure d'où s'écoula son propre sang. Guerrero se donna tant de mal pour instruire les Amérindiens du village que lorsque les conquistadors de Cortez tentèrent de l'attaquer, ils tombèrent pour la première fois sur une véritable armée indienne qui leur résista plusieurs mois durant.

Mais l'information n'avait pas circulé en dehors de ce village. En septembre 1519, le roi aztèque Moctezuma part à la rencontre de l'armée espagnole avec des chars remplis de bijoux en guise d'offrande. Le roi Moctezuma sera assassiné le soir même. Un an plus tard, Cortez détruira la capitale aztèque Tenochtitlan au canon après avoir affamé la population lors d'un siège de trois mois.

Quant à Guerrero, il mourut alors qu'il organisait l'attaque nocturne d'un fortin espagnol.

Habitudes : Il est difficile de changer sa manière de percevoir le monde.

Une expérience a été menée sur des chatons. Dès leur naissance, on les a plongés dans l'obscurité. Puis à la quatrième semaine de leur vie, on les a installés dans un cylindre fixe transparent autour duquel tourne un second cyclindre rayé de bandes verticales noires et blanches. Une heure par jour, le petit animal voit les bandes défiler de gauche à droite, puis il est replacé dans le noir.

A l'âge de 4 mois, alors que les chatons n'ont toujours vécu que dans le noir et dans un monde où des bandes blanches et noires défilent de gauche à droite, on inverse le sens de la rotation.

Les chatons s'avèrent alors incapables de percevoir le moindre mouvement.

Leurs cellules nerveuses programmées pour voir la rotation de gauche à droite avaient pris dans leur cerveau une telle importance que celles capable de percevoir les mouvements de droite à gauche s'étaient atrophiées.

De même, on s'est aperçu que les Amérindiens Cree du Canada, habitués à vivre parmi des tentes de forme conique, percevaient particulièrement bien les lignes obliques. Par contre, les citadins de Chicago, habitués à vivre entourés de gratte-ciel, ne percevaient pas les informations issues de lignes obliques. Seules les formes verticales et horizontales étaient chez eux mémorisées.

Homéostasie : Toute forme de vie est en recherche d'homéostasie.

Homéostasie signifie équilibre entre milieu intérieur et milieu extérieur.

Toute structure vivante est en homéostasie. Le poisson a des branchies pour subsister dans l'eau. L'oiseau a des os creux pour voler. Le chien est devenu l'ami de l'homme pour pouvoir manger ses restes.

Toutes ces espèces ont réussi à se maintenir en vie jusqu'à nos jours en s'adaptant aux éléments qui les entouraient. Ceux qui n'ont pas su trouver leur équilibre avec le monde extérieur ont disparu.

L'homéostasie est la capacité de réglage de nos organes pour qu'ils fonctionnent à leur optimum par rapport aux contraintes extérieures.

L'homme sait s'adapter au meilleur comme au pire. On ne s'imagine pas à quel point un simple quidam est capable d'endurer les épreuves les plus difficiles et d'y adapter son organisme.

Durant les guerres,

Le caméléon s'adapte tellement bien à la nature qu'il en prend la couleur. C'est une homéostasie instantanée et éphémère ! Admirable !

circonstances où l'homme est forcé de se surpasser pour survivre, on a vu des gens qui jusque là ne connaissaient que confort et tranquillité se mettre à adopter sans difficulté le régime pain sec et eau.

En quelques jours, des citadins perdus en montagne apprennent à reconnaître d'instinct les plantes comestibles, à chasser et à manger des animaux qu'ils considéraient jusque là comme dégoûtants : taupes, araignées, souris, serpents.

"Robinson Crusoe" ou "l'Ile mystérieuse" de Jules Verne ne sont que des livres à la gloire de la capacité d'homéostasie de l'être humain.

Nous sommes tous d'ailleurs en perpétuelle recherche de l'homéostasie idéale car nos cellules ont déjà cette préoccupation. Elles convoitent un maximum de liquide nutritif à la meilleure température et sans aucune agression de substance toxique. Mais si elles ne l'obtiennent pas, elles s'adaptent.

On s'aperçoit ainsi que les cellules du foie d'un ivrogne sont mieux habituées à filtrer l'alcool que celles d'un non-buveur. Les cellules des poumons d'un fumeur fabriqueront des résistances à la nicotine.

Plus le milieu extérieur est hostile, plus il forcera l'individu ou la cellule à développer des talents inconnus.

Hydromel :

L'homme et la fourmi savent fabriquer de l'alcool de miel. Miellat de puceron pour les fourmis, miel d'abeille pour l'homme. Cela se nomme l'hydromel, c'était jadis la boisson des dieux de l'Olympe en Grèce et des druides en Gaule. Recette : faire bouillir 6 kg de miel d'abeille, l'écumer, le recouvrir de 15 litres d'eau, plus 25 g de gingembre en poudre, 15 g de cardamone, 15 g de cannelle. Laisser bouillir jusqu'à ce que le mélange soit réduit d'un quart environ. Sortir du feu et laisser tiédir. Puis ajouter 3 cuillerées de levure et laisser reposer le tout pendant 12 heures. Passer ensuite le liquide en le versant dans un tonnelet de bois. Bien fermer et mettre à la glacière deux semaines environ. Verser enfin en bouteilles, fermer hermétiquement avec un bouchon muni d'un fil de fer et descendre à la cave où on l'alignera en position couchée. Ne pas boire avant deux mois. Réunir ensuite les amis et faire une grande bacchanale à la manière antique.

Hippodamos :

En 494 avant JC, l'armée de Darius, roi des Perses, détruit et rase la ville de Millet, située entre Halicarnasse et Ephèse. On demande alors à l'architecte Hippodamos de reconstruire d'un coup toute la ville.

Repenser dans sa globalité une ville de taille moyenne, c'était donner une page blanche pour inventer LA ville idéale.

Hippodamos saisit l'aubaine. Il invente la première ville pensée "géométriquement". Sa ville idéale. Il ne veut pas seulement bâtir des rues et des maisons, il croit qu'en repensant la forme de la ville, on peut aussi repenser la forme de sa vie sociale. Il imagine une cité idéale composée de 10 000 habitants répartis en trois classes : artisans, agriculteurs, soldats.

Hippodamos souhaite une ville artificielle n'ayant plus aucune référence avec la nature. Au centre de la ville, une acropole d'où partent douze rayons qui découpent la ville en douze portions à la façon d'un gâteau. Les rues de la nouvelle Millet sont droites, les places rondes et toutes les maisons sont strictement identiques. Tous les habitants sont citoyens à part égale. Il n'y a pas d'individu, que des citoyens. Pas de divertissements. Les divertissements sont produits par des artistes et les artistes sont des gens imprévisibles. Les poètes, les acteurs et les musiciens sont bannis de Millet.

La ville est également interdite aux pauvres, aux célibataires et aux inactifs.

L'idée d'Hippodamos, c'est de faire de la cité un système parfait.

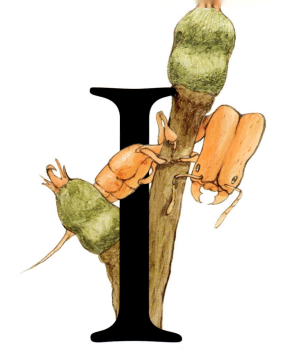

Inde : **L'Inde est un pays qui absorbe toutes les énergies.** Tous les chefs militaires qui ont essayé de la mettre au pas s'y sont épuisés. Au fur et à mesure qu'ils s'enfonçaient dans le pays, l'Inde déteignait sur eux, ils perdaient de leur pugnacité et s'éprenaient des raffinements de la culture indienne.

L'Inde est une masse molle qui vient à bout de tout. Ils sont venus, l'Inde les a vaincus.

La première invasion importante fut celle des musulmans turco-afghans. En 1206, ils prennent Delhi. Cinq dynasties de sultans en découlent et tentent de s'emparer de la péninsule indienne dans sa totalité, mais les troupes se diluent en poussant vers le sud. Les soldats s'épuisent à massacrer, ils perdent le goût de la lutte et sont charmés par les coutumes indiennes. Les sultans deviennent décadents.

La dernière dynastie, celle de Lodi, est renversée par Babar, un roi d'origine mongole, descendant de Tamerlan. Il fonde en 1527 l'empire des Moghols et, à peine arrivé au centre de l'Inde, renonce aux armes et se passionne pour la peinture, la littérature et la musique.

L'un de ses descendants, Akbar, parvient même à unifier l'Inde par la douceur et invente une religion en regroupant ce qu'il y a de plus pacifique dans toutes les religions de l'époque. Cependant, quelques dizaines d'années plus tard, Aurangzeb, un autre descendant, va essayer d'imposer par la force la religion musulmane. L'Inde se révoltera et éclatera. On ne peut dompter ce continent par la violence.

Au début du 19ème siècle, les Anglais réussiront à conquérir militairement tous les comptoirs et les grandes villes, mais jamais ils n'arriveront à contrôler la totalité du pays. Ils se contenteront de créer des cantonnements, des "petits quartiers de civilisation anglaise" dans la civilisation indienne.

Comme la Russie est protégée des envahisseurs par le froid, le Japon et L'Angleterre protégés par la mer, l'Inde est protégée par une sorte de mur spirituel qui englue tous ceux qui y pénètrent. Encore de nos jours, n'importe quel touriste qui passe ne serait-ce qu'une journée dans ce "pays-éponge" en arrive rapidement à se poser la question : "Mais à quoi sert que j'entreprenne quoi que ce soit ?"

Eléphant indien détaché de toute contingence matérielle.

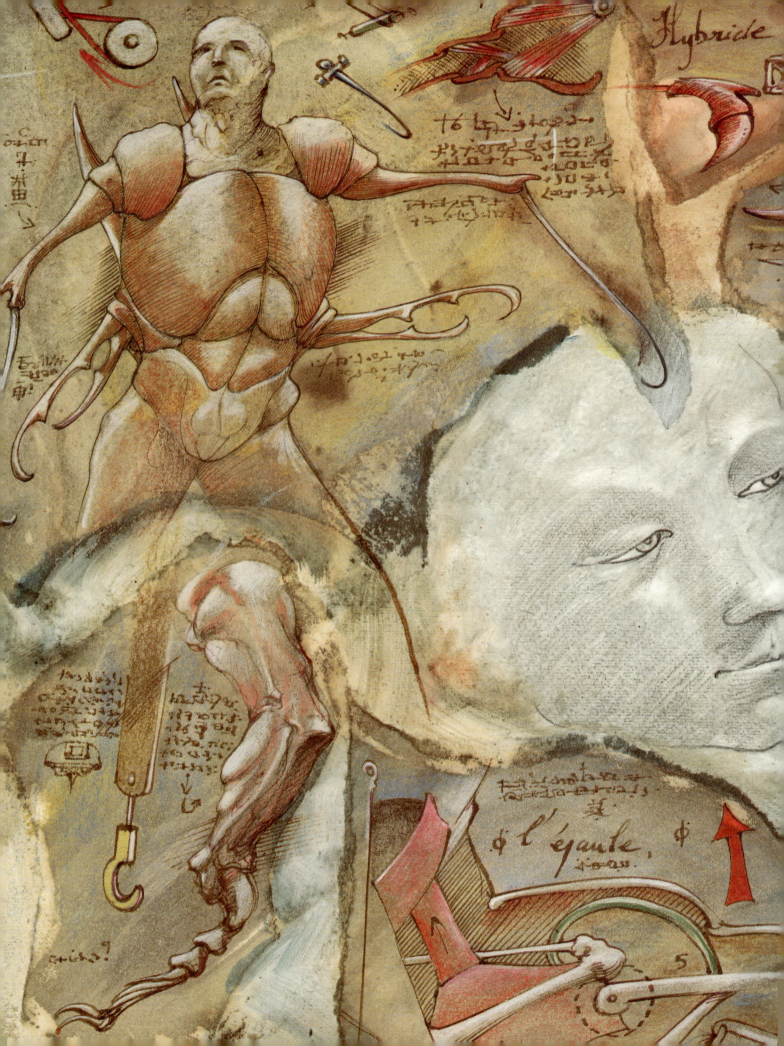

Indiens d'Amérique :

Les **Indiens d'Amérique du Nord** ont probablement réussi l'une des plus intéressantes symbioses homme-nature et même la symbiose... homme-homme.

Qu'ils soient Sioux, Cheyennes, Apaches, Crows, Comanches ou autres, ils partageaient les mêmes principes.

Tout d'abord, ils se considéraient comme insérés dans la nature et non maîtres de la nature. Leur tribu ayant épuisé le gibier d'une zone migrait afin que le gibier puisse se reconstituer. Ainsi leur ponction n'épuisait pas la terre.

Dans le système de valeurs indien, l'individualisme était source de honte plutôt que de gloire. Il est obscène de faire quelque chose pour soi. On ne possède rien, on n'a de droits sur rien. Encore de nos jours, un Indien qui achète une voiture sait qu'il devra la prêter au premier Indien qui la lui réclamera.

Leurs enfants étaient éduqués sans contrainte. En fait ils s'autoéduquaient.

> « Si tu parles aux animaux, ils te parleront à leur tour. Si tu ne leur parles pas, tu ne les connaîtras pas et tu auras peur de ce que tu ignores. »
> *Chef Dan Georges*

Ils avaient découvert l'utilisation des greffes de plantes qu'ils utilisaient par exemple pour créer des hybrides de maïs. Ils avaient découvert le principe d'imperméabilisation des toiles grâce à l'hévéa. Ils savaient fabriquer des vêtements de coton dont la finesse du maillage était inégalée en Europe. Ils connaissaient les effets bénéfiques de l'aspirine (acide salicylique), de la quinine et même du chocolat.

La société indienne était une société égalitaire. Il y avait certes un chef, mais on n'était chef que si les gens vous suivaient spontanément. Etre leader, c'est une question de confiance. L'élection du chef était permanente. Sur une décision, si 90 personnes suivaient, les 20 qui n'étaient pas d'accord ne suivaient pas. Chacun faisait ce qui lui semblait le mieux à son avis personnel. Un peu comme si, chez nous, il n'y avait que ceux qui trouvaient une loi juste qui l'appliquaient !

Dans la société indienne, il n'y avait pas de pouvoir héréditaire ni de pouvoir permanent. A chaque décision, chacun exposait son point de vue lors du pow-wow (conseil de la tribu). C'était avant tout (et bien avant la Révolution) un régime d'assemblée. Si la majorité n'avait plus confiance dans son chef, celui-ci se retirait de lui-même.

Même à leur époque de splendeur, les Amérindiens n'ont jamais eu d'armée de métier. Tout le monde participait à la bataille quand il le fallait, mais le guerrier était avant tout reconnu socialement comme chasseur, cultivateur et père de famille.

Dans le système indien, toute vie humaine ou non humaine mérite le respect. Ils ménageaient donc la vie humaine de leurs ennemis pour que ceux-ci en fassent de même. Toujours cette idée de réciprocité : ne pas faire aux autres ce qu'on n'a pas envie qu'ils nous fassent.

La guerre était avant tout considérée comme un jeu aristocratique où l'on pouvait montrer son courage. En aucun cas on ne souhaitait la destruction physique de son adversaire. Le but du combat guerrier était de toucher l'ennemi avec l'extrémité de son bâton à bout rond. C'était un honneur plus fort que de le tuer. On comptait une touche. Le combat s'arrêtait dès les premières effusions de sang. Il y avait rarement des morts.

Le principal objectif des guerres inter-indiennes consistait à voler les chevaux de l'ennemi. Culturellement, il leur fut difficile de comprendre la manière de faire la guerre de masse des Occidentaux. Ils furent très surpris quand ils virent qu'ils tuaient tout le monde, y compris les vieux, les femmes et les enfants. Pour eux, ce n'était pas seulement affreux, c'était surtout "aberrant", "illogique", "incompréhensible". Pourtant, les Indiens d'Amérique du Nord résistèrent relativement longtemps.

Les sociétés sud-américaines furent plus faciles à attaquer. Il suffisait de décapiter la tête pour que toute la société s'effondre. C'est la grande faiblesse des systèmes à hiérarchie complexe et à administration omniprésente. On les tient par la tête. En Amérique du Nord, la société avait une structure plus éclatée. Les cow-boys eurent affaire à des centaines de tribus migrantes. Il n'y avait pas une tête immobile, mais des centaines de têtes mobiles. Si les Blancs arrivaient à mater ou à détruire une tribu de 150 personnes, ils devaient à nouveau s'attaquer à une deuxième tribu de 150 personnes.

Ce fut quand même un gigantesque massacre.

En 1492, les Amérindiens étaient 10 millions. En 1890, ils étaient 150 000, se mourant pour la plupart des maladies apportées par les Occidentaux.

Lors de la bataille de Little Big Horn, les 24-25 juin 1876, on assista au plus grand rassemblement indien : 10 à 12 000 individus dont 3 à 4000 guerriers. L'armée amérindienne écrasa à plate couture l'armée du général Custer. Mais il était difficile de nourrir tant de personnes sur un seul petit territoire. Après la victoire, ils se sont donc tous séparés. Ils considéraient qu'après avoir subi une telle humiliation, tout était terminé, les Blancs n'oseraient plus jamais leur manquer de respect.

En fait, les tribus ont été réduites une par une. Jusqu'en 1900, le gouvernement américain a tenté de les détruire. Après 1900, le gouvernement américain a cru que les Amérindiens s'intégreraient au "melting pot" comme les Noirs, les Chicanos, les Irlandais, les Italiens.

Mais c'était là une vision courte. Les Amérindiens ne voyaient pas ce qu'ils pouvaient apprendre du système social et politique occidental qu'ils considéraient comme nettement moins évolué que le leur.

En 1990, ils sont 1,5 million.

Intelligence :

J'ai commencé les expériences proprement dites en janvier 90. Premier thème : l'intelligence. Les fourmis sont-elles intelligentes ? Pour le savoir, j'ai confronté un individu fourmi rousse

(formica rufa) de taille moyenne (ouvrière média) et de type asexué, au problème suivant.

Dans un bocal de verre, j'ai disposé un tas de terre surmonté d'une plaque de plastique rigide. La plaque était percée en son milieu d'un petit trou de taille suffisante pour laisser passer un individu fourmi. Derrière le trou, j'ai creusé un puits au fond duquel j'ai disposé du miel au parfum assez fort.

Mon cobaye a évidemment très envie d'aller chercher le miel, mais une grosse brindille obstrue l'orifice. Elle n'est pas très lourde, mais très longue et bien enfoncée.

Normalement, la fourmi agrandit le trou pour passer, mais ici, la plaque est constituée d'un matériau qui résiste aux mandibules. Comment résoudre ce problème ?

Premier jour : la fourmi tire par à-coups la brindille, elle la soulève un peu, puis la relâche, puis la resoulève.

Deuxième jour : la fourmi fait toujours la même chose. Elle tente aussi de taillader la brindille à la base. Sans résultat.

Troisième jour : idem. On dirait que l'insecte s'est fourvoyé dans un mauvais mode de raisonnement et qu'il persiste parce qu'il est incapable d'en imaginer un autre. Ce qui serait une preuve de sa non-intelligence.

Quatrième jour : idem.
Cinquième jour : idem.
Sixième jour : en me réveillant ce matin, j'ai trouvé la brindille dégagée du trou. Ça a dû se passer pendant la nuit.

L'expérience est recommencée, mais cette fois, avec une caméra vidéo.

Sujet : une autre fourmi de même espèce et de même nid.

Premier jour : elle tire, pousse et mord la brindille sans aucun résultat.
- Deuxième jour : idem.
- Troisième jour : ça y est ! Elle a trouvé : elle tire un peu, bloque en mettant son abdomen dans le trou et en le gonflant, puis descend sa prise et recommence. Ainsi, par petits à-coups, elle sort lentement la brindille. C'était donc ça...

Inuit : La rencontre entre deux civilisations humaines commence toujours par la recherche du rapport de force. Pourtant, il en est certaines qui ne se sont pas trop mal passées.

Quand le 10 août 1818, le capitaine John Ross, chef de l'expédition polaire

Les Inuits du Groenland pensaient que les Occidentaux venaient de la lune.

48

britannique, rencontra les premiers esquimaux du Groenland, les fameux Inuits (Inuit veux dire en fait "être humain", alors qu'esquimau signifie "mangeur de poisson cru"), cela ne se passa pas tout de suite très bien. Les Inuits se croyaient seuls au monde. Ils ne voulaient pas savoir qui étaient les Anglais ni d'où ils venaient. Le plus âgé d'entre eux dit : "Allez-vous-en, je peux vous tuer."

C'est alors que John Sacchéus, l'interprète sud-groenlandais, sachant se faire comprendre grâce au langage Pidgin, eut la présence d'esprit de jeter son couteau par terre. Jeter ainsi son arme aux pieds d'inconnus dérouta les Inuits. Ils prirent le couteau et se mirent à crier en se pinçant le nez. Sacchéus eut tout de suite le réflexe de faire exactement le même geste.

Dès lors le plus dur était fait. On n'a pas envie de tuer quelqu'un qui se comporte comme vous.

L'Inuit le plus âgé s'approcha et, tâtant la chemise de coton de Sacchéus, lui demanda quel animal fournissait ce genre de texture.

Ayant répondu tant bien que mal à cette question, Sacchéus reçut une autre question : "Est-ce que vous venez de la lune ou du soleil ?" Les Inuits, se considérant comme seuls êtres humains sur terre, ne voyaient pas d'autres possibilités.

Finalement, Sacchéus arriva à leur présenter les officiers anglais. Les Inuits montèrent dans le bateau et furent saisis de panique en découvrant un cochon, puis ils se reprirent et firent des grimaces devant un miroir. Ils s'émerveillèrent devant une montre et demandèrent si on pouvait la manger. On leur donna des biscuits et ils les recrachèrent avec dégoût. Enfin, en signe d'entente, les Inuits firent venir leur chamane qui implora leurs esprits de venir conjurer tout ce qu'il pouvait y avoir de mauvais sur le bateau anglais.

Le lendemain, John Ross plantait le drapeau de la couronne britannique, s'appropriait le territoire et toutes ses richesses. Les Inuits ne s'en étaient pas aperçus, mais en une journée, leur pays venait de surgir sur les cartes et ils étaient devenus anglais.

Irréfutable :

Ce n'est pas parce que l'on rencontre trois corbeaux noirs que tous les corbeaux sont noirs. Selon le réfutationisme de Karl Popper, il suffit de trouver un corbeau blanc pour prouver que cette loi est fausse. Tant qu'on n'a pas trouvé de corbeaux blancs, on ne peut savoir si tous les corbeaux sont noirs ou pas.

De même, la science est toujours réfutable. Il n'y a que ce qui n'est pas scientifique qui est irréfutable. Si quelqu'un vous dit "Les fantômes existent", c'est irréfutable parce qu'il n'y a aucun moyen de prouver que c'est faux. On ne peut pas trouver de contre-exemple.

Par contre, si l'on dit : "la lumière va toujours en ligne droite", c'est réfutable. Il suffit de mettre une lampe de poche dans une bassine d'eau pour voir que sa lumière est déformée sur sa surface.

Ce n'est pas parce que l'on voit en général des corbeaux noirs que tous les corbeaux sont noirs.

J

Janissaire :
En 1329, le **sultan Orkhan créa un corps d'armée** un peu spécial appelé les Janissaires (du turc *Yenitcheri* : nouvelle milice). L'armée janissaire avait une particularité : elle n'était formée que d'orphelins. En effet, les soldats turcs, quand ils pillaient un village arménien ou slave, recueillaient les enfants en très bas âge et les enfermaient dans une école militaire spéciale d'où ils ne pouvaient rien connaître du reste du monde.

Eduqués uniquement dans l'art du combat, ces enfants s'avéraient les meilleurs combattants de tout l'empire ottoman et ravageaient sans vergogne les villages habités par leur vraie famille. Jamais les janissaires n'eurent l'idée de combattre leurs kidnappeurs aux côtés de leurs parents. En revanche, leur puissance ne cessant de croître au sein même de l'armée turque, elle finit par inquiéter le sultan Mahmut II qui, de peur d'un coup d'état, les massacra et mit le feu à leur école en 1826.

Japon :
Au 16ème siècle, les premiers Européens à débarquer au Japon furent des explorateurs portugais. Ils abordèrent sur une île de la côte ouest japonaise où le gouverneur autochtone les reçut fort civilement et se montra fasciné par toutes les nouvelles technologies apportées par les "longs nez". Il s'intéressa tout particulièrement aux arquebuses et en acheta une en échange de soie et de riz.

Le gouverneur demanda aussitôt au forgeron de son palais de copier l'arme merveilleuse qu'il venait d'acquérir, mais celui-ci s'avéra incapable de fermer le culot de l'arquebuse. Aussi, lorsque les Portugais revinrent, le gouverneur demanda à ce que le spécialiste du bord enseigne comment souder la culasse pour qu'elle

Les fourmis esclavagistes volent des œufs d'espèces étrangères. Elles les élèvent en leur faisant croire que ce sont elles leurs parents.

n'explose pas au moment de la détonation.

Les Japonais réussirent ainsi à fabriquer des armes à feu en grande quantité, ce qui bouleversa toutes les règles de la guerre en ce pays. Jusque là, en effet, il n'y avait que des samouraïs se battant au sabre. Le shogun Oda Nobunaga créa un corps d'arquebusiers auquel il enseigna le tir en rafale pour arrêter la cavalerie adverse.

Les Portugais joignirent à leur apport matériel un deuxième cadeau, spirituel lui, le christianisme. Le Pape avait eu l'idée de partager le monde entre le Portugal et l'Espagne et le Japon avait été dévolu au Portugal. Lisbonne envoya donc des jésuites qui furent au départ bien accueillis. Les Japonais avaient déjà intégré plusieurs religions et pour eux, le christianisme n'en était qu'une de plus. Mais l'intolérance des préceptes chrétiens finit par les agacer. La religion catholique prétendait que toutes les autres religions étaient fausses ! Elle affirmait que leurs ancêtres, auxquels ils vouaient un culte irréprochable, rôtissaient en enfer sous prétexte qu'ils n'avaient pas été baptisés ! De quel droit les jésuites leur interdisaient-ils la sodomie ou la pédophilie ? Les Japonais étaient choqués par autant de sectarisme. Ils tuèrent et torturèrent la plupart des jésuites. Puis, lors de la révolte de Shimabara, ils massacrèrent leurs compatriotes convertis.

Mécanisme de culot d'une arquebuse du 16e siècle

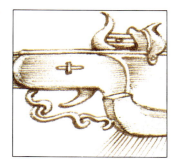

Dès lors, les Japonais se coupèrent de toute intrusion occidentale. Seuls les commerçants hollandais furent tolérés dans un comptoir placé sur une île au large de la côte. Mais longtemps ces négociants n'eurent pas le droit de poser le pied sur l'archipel même.

Jeu simple

(POUR LE RESTAURANT) : Quand on **est au restaurant et que les plats** mettent du temps à arriver, on est parfois un peu désœuvré, surtout si la personne qu'on a en face de soi n'a rien d'intéressant à dire.

LE LIVRE SECRET DES FOURMIS

Voici un jeu simple dérivé du jeu de Marienbad qui permettra de s'occuper en attendant que le maître d'hôtel daigne prendre votre commande.

Disposez des allumettes, des cigarettes ou des cure-dents à plat sur la nappe comme suit :

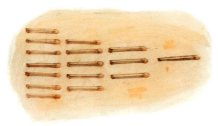

Chacun, à tour de rôle peut prendre autant d'allumettes qu'il le souhaite, mais dans une rangée seulement. Le but du jeu est de forcer l'adversaire à prendre la dernière allumette.

Un truc pour gagner : essayer d'imposer à l'autre une position où il ne reste plus que deux rangées avec autant d'allumettes. Ex.:

Junkies :

Certains comportements semblent typiquement humains mais se retrouvent pourtant chez les espèces animales. Ainsi les fourmis ont leur junkies. Ce sont des fourmis ayant goûté au miellat d'un coléoptère nommé lomechuse (en hommage à Lomechusa, une célèbre empoisonneuse de la cour de Néron). Ces pourvoyeuses de drogue s'introduisent dans la cité sans que quiconque les arrête. Dès qu'une fourmi a humé son parfum, elle accourt pour absorber le poison. La queue des lomechuses ressemble précisément à des gueule de fourmis et lorsqu'elles tètent, elles doivent avoir l'impression de discuter avec une congénère. Dès que la fourmi a goûté à ce nectar, elle ne pense qu'à une chose : continuer. Pour avoir de la drogue, elle est prête à laisser la lomechuse manger les habitants les plus précieux : les couvains et la reine. Elle est même prête à se laisser dévorer. On a assisté par exemple a des scènes où la tête de la fourmi continuait de sucer la lomechuse pendant que celle-ci lui dévorait l'abdomen. Parfois, cependant, la lomechuse étant gavée d'œufs, de reine et d'ouvrières, s'en va en laissant ses servantes en plan. Celles-ci partent alors toutes seules dans la nature à la recherche de leur pourvoyeuse. Si elles ne la trouvent pas, elles restent de longues heures suspendues aux extrémités des herbes, parcourues par les affres du manque. Et ce jusqu'à la mort.

Kabbaliste méditation : Voici une **technique de méditation** utilisée par les kabbalistes pour se nettoyer la tête avant l'étude des textes.

Il faut d'abord se coucher sur le dos, les pieds légèrement écartés l'un de l'autre, les bras le long du corps sans le toucher, les paumes orientées vers le haut.

L'exercice commence en pensant à l'air qui pénètre dans vos poumons. Puis vous sentez votre thorax qui s'ouvre et l'air entre dans vos poumons. Au début, inspirez lentement en pensant au sang sale qui reflue des extrémités des jambes depuis chaque orteil pour venir s'enrichir de l'oxygène des poumons.

A l'expiration, on visualise l'éponge pulmonaire gorgée de sang qui chasse et disperse le sang propre, purifié, enrichi vers les jambes et tous les recoins du corps jusqu'à l'extrémité des orteils.

On effectue ensuite une nouvelle inspiration en pensant que l'on aspire le sang des organes abdominaux dans les poumons. A l'expiration, on doit visualiser ce sang plein de vitalité qui vient inonder votre foie, votre rate, votre système digestif, votre sexe, vos muscles.

A la troisième inspiration, on rince les vaisseaux des mains et des doigts. Enfin, à la quatrième, dans une inspiration encore plus profonde, on aspire le sang du cerveau, on vidange complètement toutes ses idées stagnantes, on les envoie se faire purifier dans les poumons, puis on dépêche en retour du sang gorgé d'énergie et de vitalité.

Bien visualiser chaque phase.

Il faut laver toute la saleté de la tête pour que la cervelle se remplisse d'un sang propre et plein d'énergie.

Klein : **Le vase de Klein est une figure paradoxale.** Cela forme une sorte de bouteille dont le goulot rejoint le culot. Il ne comprend qu'un seul côté, il est sans face intérieure, sans face extérieure, sans bord. L'entrée est la sortie. Le dedans est le dehors. Le dessus est le dessous. Notre univers a peut-être la forme d'un vase de Klein sans début et sans fin.

La plupart des religions ont leurs propres techniques de méditation. Mais elles les oublient.

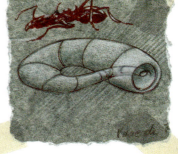

LE LIVRE SECRET DES FOURMIS

Krishnamurti :

En 1875, Héléna Blavatsky, une femme russe, prétend avoir reçu des esprits **supérieurs** une révélation. Elle parle du "Supérieur inconnu". Ces esprits lui ont dicté un texte autour de la déesse égyptienne Isis. Elle fonde le mouvement théosophique. Elle fait beaucoup d'adeptes, c'est la première religion syncrétiste. Elle mélange toutes les religions pour trouver une ligne commune. Le mouvement théosophique prend aux USA, en Australie, puis en Europe où se multiplient les cercles théosophiques. Héléna a fait savoir qu'un messie apparaîtrait parmi eux. C'est ainsi que le fils d'un théosophe est reconnu comme le futur messie. Il est éduqué comme tel par Annie Besant. Pour ses 18 ans, il doit révéler son messianisme au monde. Il fait un discours retransmis dans tous les cercles théosophiques : le grand discours de révélation. Mais à la plus grande surprise de tous, le jeune homme, qui se nomme Krishnamurti, annonce qu'il n'est pas le messie et que les gens ne doivent pas se laisser guider comme des moutons par de pseudo-messies. Le mouvement théosophique n'en a pas moins continué. Quant à Krishnamurti, s'il n'était pas un théosophe il s'avéra un excellent philosophe. Il annonça partout que l'on doit chercher la connaissance en soi. Ne pas attendre qu'un groupe ou qu'un meneur nous tienne la main. Son message pouvait se résumer à cela : "Personne ne peut vous remplacer sur le chemin de la connaissance. Il y a forcément un moment où il faut y aller soi-même, aussi difficile que cela semble."

Krishna Murti, citoyen helvétique, était toujours habillé en verte cravate.

L

Labyrinthe : Quand on **est perdu dans le noir,** dans un labyrinthe, il faut plaquer sa main sur une paroi et la suivre au toucher quoi qu'il advienne. Si ça ne marche pas, hurlez.

Laser : Grâce à **un laser, on peut concentrer** énormément d'énergie sur une toute petite surface. Cela peut être pratique pour couper des matières molles, détruire des missiles (quoiqu'en fait, ça ne marche pas encore bien), faire une ambiance dans un night club. Pour monter son laser, le plus difficile est évidemment de se procurer un bâton de rubis.

Mais c'est cher.

On pourra avantageusement le remplacer par un cylindre de rubis synthétique. C'est un peu moins cher.

Légumes : Quand les planter ? Quand les récolter ?

Artichaut : à planter en juin, à récolter en août

Asperge : à planter en mars, à récolter en mai

Aubergine : à planter en mars (au soleil), à récolter en septembre

Betterave : à planter en mars, à récolter en octobre.

Carotte : à planter en mars, à récolter en juillet

Concombre : à planter en avril, à récolter en septembre

Oignon : à planter en septembre, à récolter en mai

Poireau : à planter en septembre, à récolter en juin

Pomme de terre : à planter en avril (NDA: la soupe poireau-pomme de terre avec un peu de sel, du poivre et de l'oignon, c'est pas dégueu), à récolter en juillet

Tomate : à planter en mars, à récolter en septembre

Lettres et chiffres :

L'alphabet moderne à 26 lettres présente un formidable avantage sur les idéogrammes chinois ou sur les hiéroglyphes égyptiens. Avec 26 symboles, on peut évoquer tous les mots à l'infini, y compris ceux du futur. On n'a donc plus besoin de fabriquer une nouvelle lettre pour un nouveau mot. Car une lettre ne représente rien en soi. Ce n'est que sa combinaison avec d'autres lettres qui lui permet d'engendrer l'image d'un objet, d'une idée ou d'une personne.

De la même manière, les chiffres arabes (en fait, les Arabes les ont eux-mêmes copiés sur les chiffres indiens : on devrait donc dire les chiffres indiens) permettent

d'évoquer tous les nombres. Dans le système romain, avec ces V, ces C, ces M, ces X, on était obligé, en revanche, d'inventer une nouvelle dénomination des nombres pour chaque niveau supérieur, ce qui occupait une trop grande surface d'écriture.

Avec dix symboles de chiffres, on peut toucher aux nombres infiniment grands comme aux nombres infiniment petits.

La découverte des 26 lettres et des 10 chiffres est une invention formidable. La pensée ne connaissait désormais plus de limite dans le réel. On pouvait désigner des choses qu'on ne voyait pas ou qui n'existaient pas.

Lilliputiens :

Les lilliputiens existent vraiment. C'est un groupe humain à part entière. On ne doit pas les confondre avec les nains ou avec les Pygmées. Les lilliputiens ont les mêmes proportions qu'un être humain, mais de manière réduite.

Leur taille varie de 40 à 90 cm, leur poids de 5 à 15 kg. Ils ont été découverts à la fin du 19ème siècle en Europe centrale et plus précisément en Hongrie. Ils avaient jusqu'alors toujours vécu en autarcie loin des villes et de la civilisation. Lorsqu'ils ont été découverts, ils ont été chassés comme des monstres et ont commencé à se disperser. Le premier qui a essayé de les rassembler fut évidemment Barnum, du cirque Barnum. Il n'en eut jamais plus de quatre dans son cirque ambulant. En 1937, on organisa en France une recherche systématique mondiale des lilliputiens pour l'Exposition universelle. On en réunit 60 et on leur construisit un village avec maisons, fontaines et jardins à leur échelle.

Actuellement, on en dénombre 800 répartis sur toute la planète. Le plus souvent, ils servent d'attraction pour les cirques. Les Japonais font tout pour les attirer chez eux. Ils leur ont construit un village et une école à leur taille. Ils ont formé là-bas une troupe de théâtre lilliputienne qui a beaucoup de succès.

Loi de Parkinson :

La loi de Parkinson (rien à voir avec la maladie du même nom) veut que plus une entreprise grandit, plus elle engage des médiocres surpayés. Pourquoi ? Tout simplement parce que ses cadres en place veulent éviter la concurrence. La meilleure manière de ne pas risquer d'affronter des rivaux dangereux, c'est encore d'engager des incompétents. La meilleure manière de leur ôter toute volonté de faire des vagues est de les surpayer. Ainsi les castes dirigeantes sont-elles assurées d'une tranquillité permanente.

Rien n'inquiète plus une entreprise qu'un

Encyclopédie du Savoir Relatif et Absolu

esprit novateur qui l'oblige à se remettre en question.

Longtemps on a :

Longtemps on a pensé que l'informatique en général et les programmes d'intelligence artificielle en particulier allaient mélanger et présenter sous des angles neufs les concepts humains. Bref, on attendait de l'électronique une nouvelle philosophie.

Mais même en la présentant différemment, la matière première reste toujours identique : des idées produites par des imaginations humaines. C'est une impasse.

La meilleure voie pour renouveler la pensée est de sortir de l'imagination humaine.

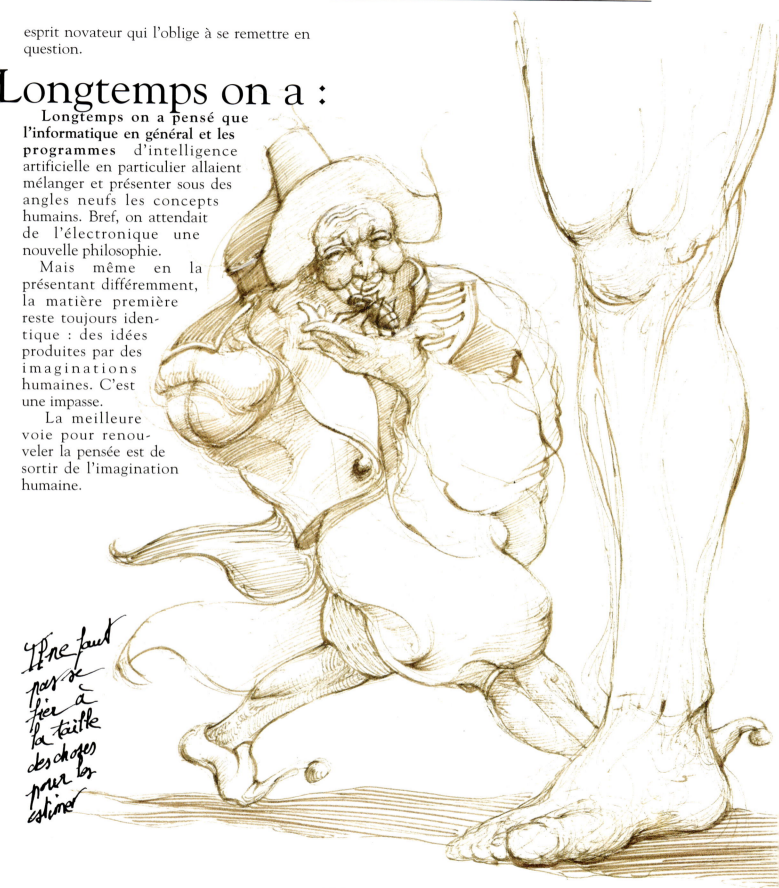

Il ne faut pas se fier à la taille des choses pour les estimer

M

Parfois les textes anciens révèlent des formules mathématiques

Magiques (CARRÉS):

Comment faire un carré de trois cases sur trois cases et y introduire des chiffres allant de 1 à 9 de manière qu'ils composent dans tous les sens, même en diagonale, le nombre 15 ?

Gaffarel, célèbre kabbaliste français, bibliothécaire de Richelieu, était un passionné de carrés magiques. Il a porté l'étude de ce jeu d'esprit au niveau d'une science complète.

Le premier carré magique connu est celui de 15.

Il faut disposer 1,2,3,4,5,6,7,8,9 dans un carré de 9 cases (trois cases de côté sur trois cases de côté) et ce de manière qu'en additionnant tous les chiffres d'une colonne, d'une ligne ou d'une diagonale, on retombe sur la même somme.

Comment trouver la solution ? Lorsqu'on regarde les chiffres de 1 à 9, on s'aperçoit qu'ils gravitent tous autour de l'axe central du cinq.

D'ailleurs, si l'on prend le cinq pour pivot, on peut tracer des lignes de correspondance entre les chiffres. 1 correspond à 9 et leur addition donne 10. 2 va vers 8 et leur addition donne 10. 3 va vers 7 et leur addition donne 10. 4 va vers 6 et leur addition donne 10.

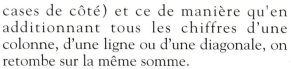

Cinq est donc le pivot et tout tourne autour de lui.

Tous les chiffres mariés font 10, avec le cinq comme axe fixe, on obtient donc partout 15.

On peut donc placer le cinq au centre du carré magique et les chiffres en danse tout autour. Il faut juste éviter d'inscrire le 9 et le 1 dans les angles où leur action trop forte pour le premier et trop faible pour le second agirait sur les diagonales.

On obtient donc :

On nomme cette figure le carré de 3, ou sceau de Saturne ou sceau de l'Ange Qasfiel.

On peut ensuite agrandir ce carré bourgeon pour former des structures de plus en plus complexes.

Voici pour les plus calés le plus grand ensemble, le carré de 9, dit sceau de la Lune ou sceau de Gabriel. Il fait 369 sur toutes ses verticales, toutes ses obliques et toutes ses horizontales additionnées.

Le Livre Secret des Fourmis

37	78	29	70	21	62	13	54	5
6	38	79	30	71	22	63	14	46
47	7	39	80	31	72	23	55	15
16	48	8	40	81	32	64	24	56
57	17	49	9	41	73	33	65	25
26	58	18	50	1	42	74	34	66
67	27	59	10	51	2	43	75	35
36	68	19	60	11	52	3	44	76
77	28	69	20	61	12	53	4	45

Au Mali, les femmes Dogons considèrent que les fourmilières apportent la fertilité

Observez ce territoire de nombres.

On y repère des méridiens étranges comme sur une planète. La diagonale des nombres à un seul chiffre part du 6 pour zébrer la figure. La verticale des nombres qui se termine sur 1 est placée juste au centre comme un équateur. Et sur les côtés, chaque fois, un chiffre de plus se dégrade...

On retrouve cette science des carrés magiques chez les Chinois, chez les Arabes où ils servent de talismans (oufiq) et chez les Rose-Croix où ils servent à masquer le secret des chiffres de la Bête (666) dans le carré magique de 36 cases (formé de 6 colonnes qui font toujours et partout 111).

Mali :

Au Mali, les Dogons considèrent que le sexe de la terre est une fourmilière. Jadis le ciel l'a enfantée.

Lorsque le monde issu de cet accouplement fut achevé, cette fourmilière-vulve s'enfonça en elle-même, devint une bouche d'où sortirent la parole et ce qui en est le support matériel : la technique du tissage, que les fourmis transmirent aux hommes.

De nos jours encore, les rites de fécondité demeurent liés à la fourmi. Les femmes stériles vont s'asseoir sur une fourmilière pour demander au dieu Amma de les rendre fécondes.

Mais les fourmis ne firent point que cela pour les hommes, elles leur montrèrent aussi comment construire leurs maisons. Et enfin elles leur désignèrent les sources d'eau potable. Car les Dogons comprirent qu'il suffisait de creuser sous les fourmilières pour trouver des rivières souterraines.

Mayonnaise :

Tourner en crème le jaune d'un œuf avec une cuillère en bois. Ajouter très progressivement et par petites quantités 225g d'huile. N'en verser à nouveau que lorsque l'émulsion est complète dans le récipient. Une fois la mayonnaise entièrement montée, mettre le sel, le poivre et 2 cl de vinaigre. Important : tenez compte de la température. Le grand secret pour que ça marche : il faut que l'œuf et l'huile soient à l'exacte même température. L'idéal est 15°c.

En cas de ratage, rattraper le coup en mettant une cuillérée à café de moutarde dans un saladier, puis tourner en ajoutant peu à peu le mélange d'huile et d'œuf mal amalgamé. Allez-y très progressivement. Et faites plus attention cette fois, zut quoi, à la fin.

Encyclopédie du Savoir Relatif et Absolu

Mayonnaise peinture : La technique de la mayonnaise (mélange au niveau macromoléculaire de deux substances non miscibles) est aussi employée en peinture afin d'obtenir une opacité parfaite. Pour préparer cette émulsion, on utilise non plus un mélange eau-huile-jaune d'œuf, mais un mélange eau-huile-blanc d'œuf. Le but est de ne plus avoir d'effet de transparence. Les petites bulles d'eau emprisonnées dans l'huile provoquent des indices de réfraction qui donnent à la couleur une texture bien mate. Les inventeurs de l'émulsion pour la peinture à l'huile étaient les frères Vaneck (Bruges) au 15ème siècle. Léonard de Vinci, Rembrandt et Velasquez étaient initiés à ce secret. Au 18ème siècle, les grands peintres jaloux des prérogatives que leur fournissait ce savoir particulier ont décidé qu'il était plus sûr pour leur survie financière d'arrêter de l'enseigner. Si bien que cette technique a été complètement perdue à la fin du 18ème siècle. Et même par tâtonnement, il était impossible de la retrouver tant les proportions et les ingrédients étaient précis. La technique d'émulsion pour

Le Livre Secret des Fourmis

la peinture à l'huile n'a été reconstituée que très récemment grâce à des moyens d'analyse chimique extrêmement sophistiqués.

Message :
Toute structure communique avec les structures voisines des messages. Ce sont les solutions qu'elle trouve aux problèmes d'actualité.

Deux espèces fourmis de taille différente construisent ensemble un même nid avec des couloirs de tailles différentes.

Nos cellules sont en permanence confrontées à des micro-organismes, de type virus, elles communiquent à travers le sang l'identification de ces micro-organismes et la manière de leur résister. Mais précisément, comme cette défense fonctionne bien, notre cerveau n'est pas conscient de ce gigantesque réseau de dialogue permanent auquel se livrent nos cellules. Toute cette activité microcosmique n'est pas étudiée. Parce que nos scientifiques ne font qu'étudier ce qui ne fonctionne pas, au lieu d'essayer de comprendre ce qui fonctionne.

Métissage :
Il serait faux de penser que les fourmilières sont imperméables aux présences étrangères. Certes, chaque insecte porte le drapeau odorant de sa cité, mais il n'est pas pour autant "xénophobe" au sens où on l'entend chez les humains.

Par exemple, si l'on mélange dans un aquarium rempli de terre une centaine de fourmis formica rufa avec une centaine de fourmis Lazius niger (chaque espèce comprenant une reine fertile), on s'aperçoit qu'après quelques escarmouches sans morts et de longues discussions antennaires, les deux espèces se mettent à construire ensemble la fourmilière.

Certains couloirs sont adaptés à la taille des rousses, d'autres à la taille des noires mais les couloirs des deux tailles s'entremêlent, prouvant qu'il n'y a pas eu une espèce dominante qui a essayé d'enfermer l'autre dans un quartier réservé, un ghetto de la cité.

Mode de communication des arbres :
Certains acacias d'Afrique ont des propriétés étonnantes. Lorsqu'ils se font brouter par une gazelle ou par une chèvre, ils transforment la composition chimique de leur sève pour la rendre toxique. L'animal, sentant que l'arbre a changé de goût, s'en va en manger un autre. Mais les acacias savent aussi émettre un parfum capté par les acacias voisins et qui les avertit instantanément de la présence d'un prédateur. En quelques minutes, tous deviennent incomestibles.

Normalement, les herbivores devraient

alors partir chercher plus loin des acacias n'ayant pas perçu le message d'alerte. Cependant les techniques d'élevage en troupeau réunissent dans un même espace clos un groupe de chèvres et un groupe d'acacias. Lorsque le premier acacia est brouté, il prévient les autres et tous les acacias deviennent toxiques, mais comme les chèvres ne peuvent pas se mettre en quête d'autres arbres, elles dévorent quand même les arbustes et c'est ainsi que beaucoup de troupeaux ont été empoisonnés pour des raisons qui semblèrent longtemps incompréhensibles.

Modernisme myrmécéen :

LES FOURMIS D'ARGENTINE : Les fourmis d'Argentine (Iridomyrmex humilis) ont débarqué en France en 1920. Elles ont selon toute vraisemblance été transportées dans des bacs de lauriers-roses destinés à égayer les routes de la Côte d'Azur. On signale pour la première fois leur existence en 1866, à Buenos Aires (d'où leur surnom). En 1891, on les repère aux Etats-Unis, à la Nouvelle-Orléans.

Cachées dans les litières de chevaux argentins exportés, elles arrivent en Afrique du Sud en 1908, au Chili en 1910, en Australie en 1917.

Cette espèce se différencie non seulement par sa taille infime qui la met en position de pygmée au regard des autres fourmis, mais aussi par une intelligence et une agressivité guerrière qui sont au demeurant ses principales caractéristiques.

A peine débarquées dans le sud de la France, les fourmis d'Argentine ont mené la guerre contre toutes les espèces autochtones... et les ont vaincues !

En 1960, elles ont franchi les Pyrénées et ont étendu leur emprise jusqu'à Barcelone. En 1967, elles ont passé les Alpes et sont descendues jusqu'à Rome. Puis, dès les années 70, les Iridomyrmex ont remonté vers le Nord. On pense qu'elles ont franchi la Loire lors d'un été chaud de la fin des années 90. Ces envahisseurs, dont les stratégies de combat n'ont rien à envier à un César ou à un Napoléon, se sont alors trouvés face à deux espèces un peu plus coriaces : les fourmis rousses (au sud et à l'est de Paris) et les fourmis pharaons (au nord et à l'ouest de Paris).

Mais les fourmis d'Argentine semblent mieux équipées pour le futur. Lorsqu'on arrose un nid d'Iridomyrmex, il leur suffit de dix minutes pour tout déménager : nourriture, œufs, reine, larves. En 1986, lors d'orages exceptionnels, le port de Leucate fut noyé sous 10 cm d'eau. Tous les insectes ont été noyés, sauf les fourmis d'Argentine qui ont trouvé le temps de s'installer dans les branches des arbres.

La fourmi rousse des bois et la fourmi d'Argentine ont d'autres différences. Leur philosophie de l'adaptation est autre. D'un côté, il y a une pondeuse unique, de l'autre il y a 600 reines pondeuses par cité. Ainsi la vie de la communauté ne dépend plus d'un seul individu. Même si une reine meurt, la fourmilière survit. D'un côté les reines essaiment dans l'envol nuptial, de l'autre la reproduction a lieu dans les couloirs, évitant les pertes en plein vol. Ensuite, grâce à ses cinquante tubes, une reine argentine peut pondre vingt œufs par jour, soit le double d'une rousse.

Mais le plus extraordinaire chez la fourmi d'Argentine est sa solidarité d'espèce. Si l'on saisit l'une d'elles en France et qu'on l'emmène en Australie pour la déposer au milieu d'un nid d'autres fourmis d'Argentine, elle sera automatiquement adoptée. Alors qu'un individu fourmi rousse jeté dans un nid fourmi rousse voisin de vingt mètres risque fort d'être mis en pièces.

Cette solidarité d'espèce quasi planétaire est unique dans le monde insecte.

Les fourmis d'Argentine ont traversé les océans cachées dans les pots de fleurs de lauriers-roses ou les litières des chevaux.

Le Livre Secret des Fourmis

Mont-Saint-Michel :

L'île du Mont-Saint-Michel est un lieu hautement symbolique. Et pas seulement parce qu'il est en équilibre entre la terre, l'eau et le ciel. C'est là que se sont déroulés les pélerinages chrétiens, mais aussi les cérémonies d'alchimistes et de templiers et plus avant, même, des cérémonies druidiques. Toutes les populations avoisinantes ont vénéré ce lieu. Jadis, on nommait l'île du Mont-Saint-Michel, l'île des morts : Tumba (mot provenant du gaulois Tum et signifiant lieu élevé, mais aussi lieu de mort). On disait que les trépassés se donnaient rendez-vous le 2 novembre, jour de la fête celtique de Samain. On considérait que cette journée en cet endroit était la seule qui échappait à l'écoulement du temps.

Pour en finir avec toutes les superstitions liées à l'île, les ducs de Normandie y firent construire par des compagnons une église de style roman en 1023. Mais même cette église est surprenante. Bâtie sur quatre pentes, elle comprend d'ouest en est : un narthex (porche), une nef de sept travées flanquées de bas-côtés, un transept voûté, et un chœur d'abside entouré d'un déambulatoire.

La longueur totale de l'édifice, 80 m, est égale à la hauteur de la pointe du rocher. Ce qui fait que l'église est comprise dans un carré parfait allant du niveau le plus bas du rocher au sol de l'église et couvrant toute la surface de celle-ci. Le choix de ce carré n'est pas un hasard. Il désigne les quatre éléments, les quatre horizons et les quatre vents qui fouettent le Mont. Il semble que les bâtisseurs de l'église aient voulu s'inspirer du Temple par excellence, celui de Salomon à Jérusalem. L'emplacement du porche est similaire à celui du porche hébreu (Ulam). Le lieu de prière (Hekal) et le Saint des Saints (Débir) sont disposés aux mêmes endroits. Quant aux sept marches qui mènent au transept, elles correspondent aux sept mêmes marches du Temple et aux sept branches du chandelier sacré.

Autre allusion à la Bible, le monastère du Mont-Saint-Michel a les proportions exactes de l'Arche de Noé telles qu'elles sont précisées dans l'Ancien Testament : 300 coudées sur 50 (soit un rapport longueur/largeur de 1/6). Il comprend trois niveaux superposés comme l'Arche de Noé (dans l'arche, le premier étage était occupé par les animaux, le deuxième par des réserves de nourriture et le troisième par la famille de Noé).

Dans le monastère, premier étage : l'aumônerie, c'est l'endroit où sont accueillis les étrangers, pélerins et fidèles. Deuxième étage : le réfectoire où les moines mangent. Le troisième est réservé au dortoir.

Les bâtisseurs ont compris dès l'origine qu'il ne s'agissait pas ici d'une île mais de la représentation d'un vaisseau voguant à sa manière vers une autre dimension.

Moustique :

Le moustique est l'insecte qui duellise le plus volontiers avec l'humain. Chacun de nous s'est retrouvé un jour, en pyjama, debout sur son lit, la pantoufle à la main, l'œil guettant le plafond immaculé.

Incompréhension. Pourtant, ce qui nous démange tant n'est que la salive désinfectante de la trompe du moustique. Sans elle, chaque piqûre pourrait s'infecter. En plus, le moustique prend toujours la précaution de ne piquer qu'entre deux points de réception de la douleur !

Encyclopédie du Savoir Relatif et Absolu

Quand j'étais plus jeune, je me suis souvent trouvé en lutte contre un ou deux moustiques. Et dans ce cas, l'avantage ne va pas forcément au plus gros des animaux. C'est incroyable comme ces insectes évoluaient. Au début, il suffisait d'allumer la lumière et je les repérais facilement : taches noires sur le plafond blanc. Je pouvais alors les écraser de la pointe du balai ou d'une pantoufle (en me mettant debout sur mon lit et en sautant).

Puis les moustiques ont appris à se cacher dans des zones sombres : rideaux, recoins de meubles, appliques, dessus de lampe.

Ils devenaient de plus en plus difficiles à repérer. Cependant, leur évolution ne s'arrêta pas là. Ils s'avérèrent de plus en plus rapides, de mieux en mieux camouflés et même de plus en plus résistants aux chocs ! Etrange mutation, mais mutation incontestable : j'étais obligé de frapper deux fois plus fort avec ma pantoufle si je voulais être sûr de tuer mon adversaire.

Plusieurs fois, il m'est arrivé de projeter mon arme pile sur le moustique et de voir ce dernier redécoller malgré tout comme s'il venait de ne recevoir qu'une petite gifle. J'ai fini par découvrir la parade absolue : l'aspirateur. Avec cette machine ad hoc, le moustique a beau décoller au dernier moment, il est toujours pris dans le formidable typhon aspirant.

Cette arme obligea les moustiques à trouver autre chose pour me tourmenter. Je mis longtemps à découvrir que la dernière génération de mes adversaires se cachait carrément sous mon oreiller. Ils avaient réinventé le principe de la "Lettre volée" d'Edgar Allan Poe : la meilleure cachette est celle qui crève les yeux car on pense toujours à chercher plus loin que l'évidence.

Musique construite :

LE CANON :

En musique, le "canon" est une **structure de construction musicale** très intéressante. Exemples : "Frère Jacques" ou "Vent frais, vent du matin" ou "Maudit sois-tu carilloneur" ou le "canon de Pachelbel".

Le canon est construit autour d'un thème unique dont on explore toutes les facettes en le confrontant à lui-même.

Au début, la première voix présente le thème. Puis après un temps prédéterminé, la seconde voix repète ce thème. Une troisième voix le reprend encore.

Pour que l'ensemble fonctionne, il faut que chaque note puisse jouer trois rôles.
1- Fabriquer la mélodie de base.
2- Ajouter un accompagnement à la mélodie de base.
3- Ajouter un accompagnement à l'accompagnement et à la mélodie de base.

Il s'agit donc d'une construction à trois niveaux où chaque élément est à la fois vedette, second rôle

Dans "l'art de la fugue" Bach a utilisé

comme thème musical les lettres de son nom : B-A-C-H

Bach signature musicale fugue.

Tous les arts finalement se résument à la recherche de structures de constructions

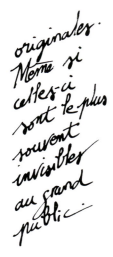

originales. Même si celles-ci sont le plus souvent invisibles au grand public.

et figurant selon son emplacement.

On peut sophistiquer le canon sans ajouter une note, simplement en modifiant la hauteur dans les aigus et dans les graves.

On peut encore sophistiquer le canon en faisant démarrer la deuxième voix d'un demi-octave. Si la première voix est en do, la seconde sera en sol. Si la première voix est en ré, la seconde sera en la. Si la première voix est en mi, la seconde sera en si.

On peut toujours sophistiquer le canon en intervenant sur la rapidité du chant. Plus vite : pendant que la première voix interprète la mélodie, la deuxième voix la répète deux fois à toute vitesse. Plus lentement : pendant que la première voix interprète la mélodie, la deuxième voix l'interprète deux fois plus lentement.

La troisième voix pourra de même augmenter ou diminuer encore le thème. Ce qui donnera un effet d'expansion ou de concentration.

On peut encore sophistiquer le canon en inversant la mélodie. Chaque fois que l'on monte dans le thème principal, la deuxième voix descend. Et ce pour toutes les notes du thème.

La technique de canon la plus complexe est celle du "canon à écrevisse", ainsi nommé parce que les notes se déplacent comme des écrevisses : à reculons.

Certains canons sont de véritables énigmes où il est très difficile de découvrir la loi modifiant le thème principal. Bach était très friand de ce genre de "jeu".

Musique construite : LA FUGUE :

La fugue est une évolution par rapport au canon. Si dans le canon, on œuvre toujours sur un seul thème "torturé" dans tous les sens pour voir comment il interagit avec lui-même, dans la fugue on peut trouver plusieurs thèmes.

La fugue est plutôt une progression qu'une répétition.

La première voix se présente et annonce le thème de base.

La seconde voix arrive ensuite quatre tons plus haut ou trois tons plus bas pour compléter le thème. Lorsque la première voix a terminé son premier thème, elle attaque un contre-thème.

La troisième voix peut alors apparaître et jouer sur le thème de la première voix, celui de la seconde voix ou le contre-thème de la première voix.

Les combinaisons sont plus complexes.

Au final, une fois que chaque voix a exploré sa zone et les interactions avec les

autres zones, tout le monde se retrouve au point de départ et on rappelle le thème premier.

L'une des plus belles architectures de fugue est celle de l'"Offrande Musicale" de Bach. Comme beaucoup de fugues, elle part en do mineur. Mais à la fin, par un tour de passe-passe qui n'a d'égal que ceux des prestidigitateurs, le morceau se termine en ré mineur. Et ce sans que l'oreille de l'auditeur ne puisse repérer le moment de la transition !

Grâce à ce système de "saut" d'une tonalité, on pourrait continuer à l'infini à répéter l'"Offrande Musicale" sur toutes les notes de la gamme. "Ainsi en est-il de la gloire du roi qui ne cesse de monter en même temps que la modulation", expliquait Bach. Bach dont le nomme signifie par le meilleur des hasards "ruisseau" en allemand.

Le summum de l'œuvre fuguesque est "L'art de la fugue", dans lequel Bach, juste avant de mourir, a voulu expliquer au commun des mortels sa technique de progression musicale, en partant de la simplicité pour aller vers la complexité absolue. Il a été cependant arrêté en plein élan par des problèmes de santé (il était presque aveugle). Cette fugue est donc inachevée.

Notons cependant que Bach l'a signée en utilisant les quatre lettres de son nom pour en faire l'un des derniers thèmes musicaux. En allemand, B correspond à la note si, A correspond au la, C au do et quant au H, il signifie si simple (contrairement au B qui est un si bémol).

Bach = si bémol, la, do, si.

Bach était à l'intérieur même de sa musique et comptait sur elle pour s'élever comme un roi vers l'infini.

Mutation :

Lorsque les Chinois annexèrent le Tibet, ils installèrent des familles chinoises pour montrer que le Tibet était aussi peuplé de Chinois. Mais au Tibet, la pression atmosphérique est difficile à supporter, elle donne des vertiges à ceux qui n'y sont pas habitués. Par on ne sait quel mystère de la physiologie, les femmes chinoises s'avèrent toujours incapables d'accoucher au Tibet. Elles ressentent régulièrement des migraines épouvantables à l'approche de l'enfantement. Aussi, même les épouses des soldats redescendent en plaine pour donner le jour à leur bébé chinois, alors que les femmes tibétaines accouchent sans problème dans les villages les plus élevés. On dirait que la terre tibétaine rejette ses envahisseurs organiquement inadaptés au pays.

Malgré une politique de natalité renforcée, les Chinois semblent mal acceptés par la terre tibétaine

Noir :
L'espace est noir parce que **la lumière des étoiles** ne trouve pas de paroi pour se refléter. Alors les rayons de lumière s'épuisent dans l'infini.

Le jour où l'on verra une légère couleur dans le fond de l'univers, c'est que nous aurons atteint l'un de ses coins.

Nombre d'or :
Le nombre d'or est un chiffre magique qui permet de construire, de peindre et de sculpter en donnant aux objets une force cachée.

La pyramide de Khéops, le temple de Salomon, le Parthénon ont en partie été construits à partir de ce nombre.

On dit que tout ce qui ne respecte pas le nombre d'or finit par s'effondrer.

Ce nombre est le suivant :

$$\frac{1 + \sqrt{5}}{2} = 1{,}618033988$$

Soit 1,618033988.

On retrouve ce nombre d'or dans les proportions de certains animaux ou végétaux.

Noosphère :
Nous possédons deux cerveaux entièrement indépendants. L'hémisphère droit et l'hémisphère gauche. Chacun aurait son esprit particulier. Le cerveau gauche travaillerait en analysant tout en chiffres. Le cerveau droit travaillerait en analysant tout en forme. (On pourrait aussi dire : le premier fonctionne en numérique et le second en analogique.) Sur une information identique, l'analyse est différente et peut déboucher sur une conclusion complètement opposée.

Il faut pourtant que les deux se mettent d'accord sinon on risque de graves troubles

Encyclopédie du Savoir Relatif et Absolu

psychiques.

Il n'y aurait que la nuit que l'hémisphère droit-conseilleur-inconscient pourrait donner son avis par l'entremise des rêves au gauche-réalisateur-conscient. Un peu comme si, dans un couple, une femme intuitive glissait furtivement son opinion au mari très matérialiste.

Selon le professeur Theillard, ce cerveau féminin intuitif aurait un autre don. Celui de se brancher sur ce qu'il nomme la noosphère. La noosphère (aussi baptisée Grand Inconscient Collectif par Carl Jung) serait une sorte de grand nuage encerclant la planète comme l'atmosphère ou la ionosphère. Ce nuage immatériel serait composé de tous les inconscients humains émis par les cerveaux droits. Cela constituerait comme un grand Esprit Immanent, l'Esprit humain global, ce que Bergson appelle Dieu.

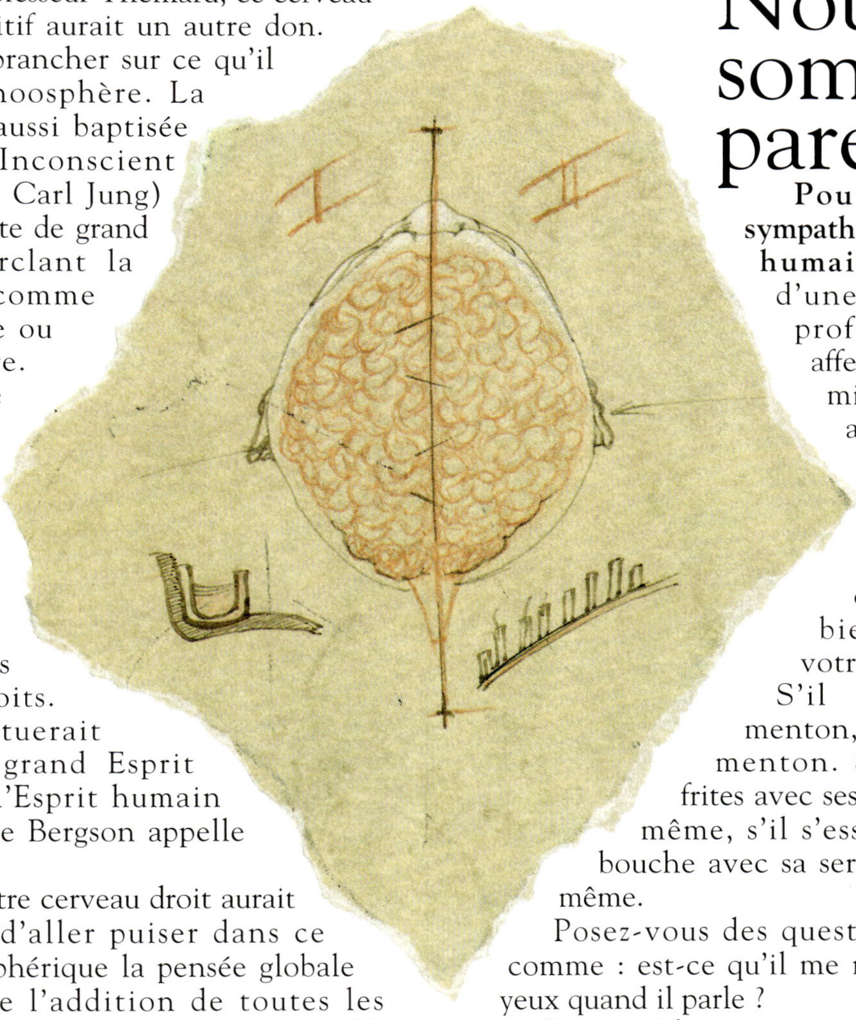

La nuit, notre cerveau droit aurait la capacité d'aller puiser dans ce magma noosphérique la pensée globale composée de l'addition de toutes les émissions de cerveau droit des humains. Un peu comme si notre hémisphère inconscient savait se brancher sur la longueur d'onde radio où se trouvent les vraies informations primordiales.

C'est ainsi que nous croyons imaginer ou inventer des choses alors qu'en fait, c'est notre cerveau droit qui va les piocher là-haut. Comme notre cerveau gauche écoute bien notre cerveau droit, l'information passe et débouche sur une idée qui peut se concrétiser par une œuvre.

Un peintre, un musicien ou un romancier ne seraient donc que cela : des récepteurs radio capables d'aller puiser dans l'esprit collectif avec leur cerveau droit et laissant suffisamment communiquer le droit et le gauche pour parvenir à des réalisations...

Nous sommes pareils :

Pour se rendre sympathique à un autre humain à l'occasion d'une conversation professionnelle ou affective, il suffit de mimer ses tics. Ils apparaissent très nettement au moment des repas. Profitez de cet instant pour bien examiner votre interlocuteur. S'il se gratte le menton, grattez-vous le menton. S'il mange les frites avec ses doigts, faites de même, s'il s'essuie souvent la bouche avec sa serviette, faites de même.

Posez-vous des questions évidentes comme : est-ce qu'il me regarde dans les yeux quand il parle ?

Est-ce qu'il mange quand il parle ?

Notez s'il prend du pain. Un instant important est celui où la personne sauce avec son pain. Si c'est le cas, empressez-vous de faire de même.

En reproduisant ses tics au moment le plus intime, celui de la prise de nourriture, vous transmettez automatiquement le message inconscient : "Je suis de la même tribu que vous, nous avons les mêmes manières et donc probablement la même éducation et les mêmes préoccupations."

Se brancher sur une sorte de mine d'idées : des idées de l'espèce humaine dans sa globalité

O

Œuf :
On peut déterminer si un œuf est cru ou s'il est cuit en le faisant tourner. On l'arrête avec le doigt, puis on relâche. L'œuf cuit demeurera immobile, l'œuf cru continuera de tourner. Parce que le fluide à l'intérieur de sa coquille poursuit son mouvement rotatif.

Offensive :
Les fourmis sont les seuls insectes sociaux à entretenir une armée offensive.

Les termites et les abeilles, espèces royalistes et loyalistes moins raffinées, n'utilisent leurs soldats que pour la défense de la cité ou la protection des ouvrières sorties loin du nid. Il est relativement rare de voir une termitière ou une ruche mener une campagne de conquête de territoire. Mais cela s'est quand même vu.

Offrande :
Chez les mouches vertes, la femelle mange le mâle durant l'accouplement. Aussi celui-ci apporte-t-il par précaution, avant chaque accouplement, un morceau d'aliment en cadeau. Pendant que la dame s'empiffre, il peut s'accoupler sans danger.

Dans une autre espèce encore plus évoluée, le mâle apporte de la viande d'insecte empaquetée dans un cocon transparent. Il gagne ainsi du temps, car la femelle met un long moment avant d'arriver à dégager son cadeau de l'emballage de soie.

Une troisième espèce de mouche, ayant compris que c'est le temps d'ouverture du paquet qui importe plus que la qualité de l'offrande elle-même, a trouvé une astuce. Les mâles offrent un gros cocon épais mais vide. Le temps que la dame s'aperçoive de la supercherie, Monsieur mouche a terminé son affaire. Cependant, Mesdames mouches ne sont pas si bêtes. Certaines secouent les cocons pour s'assurer qu'il y a quelque chose dedans.

Là encore, les mâles ont adapté leur comportement. Chez les fourmis de type Empis, les mâles garnissent les paquets cadeaux de leurs excréments. Ainsi, lorsque les femelles agitent les cocons, elles perçoivent qu'il y a une masse à l'intérieur et les ouvrent en espérant un morceau de viande cadeau.

Omnivore :
Les maîtres de la terre ne peuvent être qu'omnivores. L'aptitude à pouvoir ingurgiter un régime

Encyclopédie du Savoir Relatif et Absolu

alimentaire varié est une qualité nécessaire pour étendre son espèce dans le temps et dans l'espace. Pour se prétendre maître de la planète, on doit être capable d'ingurgiter toutes les formes d'aliments que cette planète produit.

Un animal qui dépend d'une seule source de nourriture voit son existence remise en cause dès la disparition de cette nourriture. Combien d'espèces d'oiseaux ont disparu tout simplement parce qu'ils ne se nourrissaient que d'une seule sorte d'insectes et que ces insectes ont migré sans qu'ils puissent les suivre ? Les marsupiaux qui ne se nourrissent que de feuilles d'eucalyptus ne peuvent ainsi ni voyager, ni survivre dans les zones déboisées.

L'homme, tout comme la fourmi, la blatte et le rat, semble avoir compris cet impératif. Ces quatre espèces, goûtent, mangent et sont capables de digérer pratiquement tous les aliments et même tous les déchets d'aliments. Deuxième point commun entre elles : ces quatre espèces modifient en permanence leur bol alimentaire pour s'adapter au mieux à leur milieu. Ce qui les conduit tout naturellement à inventer des "protocoles" de test des aliments nouveaux afin d'éviter les empoisonnements.

Onde : Tout, objet, idée, personne, peut se ramener à une onde. Onde de forme, onde de son, onde d'image, onde d'odeur. Ces ondes entrent forcément en interférence avec d'autres ondes lorsqu'elles ne sont pas dans le vide infini.

C'est l'étude des interférences entre les ondes objet, idée, personne qui est passionnante. Que se passe-t-il lorsqu'on mélange le rock'n roll et la musique classique ? Que se passe-t-il lorsqu'on mélange la philosophie et l'informatique ? Que se passe-t-il lorsqu'on mélange l'art asiatique et la technologie occidentale ?

Quand on verse une goutte d'encre dans de l'eau, les deux substances ont un niveau d'information très bas, uniforme. La goutte d'encre est noire et le verre d'eau est transparent. L'encre en tombant dans l'eau génère une sorte de crise.

De ce contact, l'instant le plus intéressant est celui où des formes chaotiques apparaissent. L'instant avant la dilution. L'interaction entre deux éléments différents produit des formes très riches. Il se constitue alors des volutes compliquées, des formes torturées et toutes sortes de filaments étranges qui peu à peu se diluent pour donner de l'eau grise. Dans le monde non vivant, cette construction très riche est très difficile à immobiliser

Ici, deux étapes de la rencontre d'encre et d'eau, figées sur du papier.

Nous sommes en permanence assaillis par des milliers d'ondes olfactives ou autres.

Les héros qui vont à l'Est recherchent leurs origines, à l'Ouest leur futur, au Nord le Combat, au Sud l'apaisement.

Nord

Ouest   Est

Sud

Encyclopédie du Savoir Relatif et Absolu

mais dans le monde du vivant, une rencontre peut s'incruster et rester figée dans la mémoire.

Ordre :
L'ordre génère le désordre et le désordre génère l'ordre. En théorie, si l'on fait une omelette en brouillant un œuf, il n'existe qu'une probabilité infime pour que l'omelette reprenne la forme de l'œuf originel. Mais cette probabilité existe. Et plus on mettra de désordre dans l'œuf, plus on multipliera les chances de retrouver l'ordre de l'omelette. L'ordre n'est qu'une combinaison de désordre.

De même, notre univers est partie d'un ordre. Plus il se répand, plus il entre dans un désordre et plus ce désordre se répand, plus il génère de nouveaux ordres. Certains pouvant être d'ailleurs identiques à l'ordre originel.

L'adversaire de la nature, c'est l'ordre artificiel. La nature est diverse et désordonnée. Toute chose qui est en ordre répète un comportement propre, mais figé. Donc mort.

De même, une bonne cervelle doit être parcourue de bons et de mauvais raisonnements, de certitudes et de doutes, de réussites et d'erreurs. Si elle se bloque sur un processus, même un processus de réussite, elle est contrainte d'affronter à un moment donné une remise en question douloureuse.

C'est par son chaos que se caractérise une cervelle de qualité. Exit les routines, les certitudes, le savoir-faire. Les pensées doivent courir partout et fureter, tester, goûter à chaque chose comme des fourmis dans une fourmilière grandiose qu'elles n'auront jamais fini d'explorer. Ensuite, du chaos naissent parfois des ordres, par pur hasard, comme dans les images fractales. Mais ces ordres doivent pouvoir à nouveau se diluer pour renaître. Il n'y a pas de cité myrmécéenne où des ouvrières effectuent tous les jours les mêmes tâches aux mêmes endroits, aux mêmes heures.

Orientation :
La plupart des grandes aventures humaines s'accomplissent d'est en ouest. Tout simplement parce que l'homme a de tout temps suivi la course du soleil et s'est demandé où s'en allait cette boule de feu.

Ulysse, Christophe Colomb, Attila... tous ont cru qu'à l'ouest serait la solution. Aller vers l'ouest, c'est vouloir connaître le futur.

Mais si certains se sont demandé où allait le soleil, d'autres se sont interrogés : "D'où vient-il ?" Aller vers l'est, c'est vouloir comprendre ses origines, en remontant à la source du soleil. Marco Polo, Bilbo le hobbit, Napoléon sont des exemples de personnages (réels, ou imaginaire dans le cas de Bilbo, l'un des héros du "Seigneur des anneaux" de Tolkien) de l'est. Ils pensaient qu'il y avait quelque chose à trouver là-bas, en arrière, là où tout commence, y compris les journées.

Aller vers le nord, c'est affronter la difficulté.

Aller vers le sud, c'est rechercher l'apaisement.

Orteils :
Il existe un point commun entre les Amérindiens et les Chinois. Leur système numérique est vicésimal. C'est-à-dire qu'ils comptent de 20 en 20. C'est parce que, dans leurs cultures, on a choisi comme référence l'addition des doigts des mains et des doigts des pieds. Alors qu'en Occident, on a opté pour le système décimal. On ne compte que sur les doigts des mains. Les orteils sont méprisés.

Battre un œuf c'est le faire passer de son niveau d'ordre à son niveau de désordre (cela présente un intérêt pour faire de bonnes omelettes).

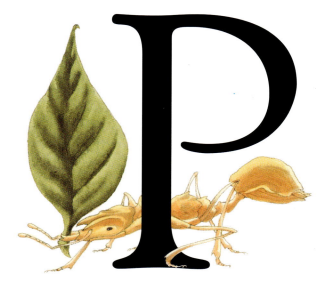

Paradoxe d'Epiménide :
La phrase "Cette phrase est fausse" constitue à elle seule le paradoxe d'Epiménide. Quelle phrase est fausse ? Cette phrase ! Si elle est fausse c'est qu'elle est vraie. Donc elle n'est pas fausse. Donc elle est fausse. Donc elle est vraie. Donc elle est fausse. C'est sans fin.

Pendant :
Pendant les 12 secondes qui vont vous être nécessaires pour lire ce petit encart :
- au moins 40 humains et 700 millions de fourmis sont en train de naître sur Terre.
- au moins 30 humains et 500 millions de fourmis sont en train de mourir sur Terre.

HUMAINS ET FOURMIS
Humain :
  Mammifère dont la taille varie entre 1 et 2 mètres
  Poids entre 30 et 100 kilos
  Gestation des femelles : 9 mois
  Mode de nutrition : omnivore
  Population estimée : plus de 5 milliards d'individus

Fourmi :
  Insecte dont la taille varie entre 0,01 et 6 cm
  Poids : entre 0,001 et 100 milligrammes
  Ponte : à volonté selon le stock de spermatozoïdes
  Mode de nutrition : omnivore
  Population probable : plus d'un milliard de milliards d'individus.

Pensée :
La pensée humaine peut tout.

Dans les années 50, un bateau container anglais transportant des bouteilles de Madère en provenance du Portugal débarque en Ecosse pour livrer sa marchandise. Un marin s'introduit dans le container de réfrigération pour vérifier s'il ne reste plus rien à livrer.

Nul ne sait qu'il est entré et on referme la porte du container alors que l'homme est encore à l'intérieur. Il tambourine sur les cloisons, mais personne ne l'entend et le bateau repart pour le Portugal.

Le marin trouve de la nourriture dans ce lieu mais il sait qu'il ne pourra pas survivre

Encyclopédie du Savoir Relatif et Absolu

longtemps dans cette chambre froide. Il a pourtant la force de saisir un morceau de métal et il grave heure après heure, jour après jour, le récit de son terrible martyre. Il énonce avec une précision scientifique son agonie. Comment le froid l'engourdit, comment ses orteils et ses doigts gèlent. Comment son nez se transforme en pierre insensible. La morsure de l'air réfrigéré qui devient une véritable brûlure, son corps qui peu à peu devient un gros glaçon.

Lorsque le bateau jette l'ancre à Lisbonne, on ouvre le container et on découvre l'homme mort de froid. On lit son histoire gravée sur les murs. Toutes les étapes de son calvaire y sont décrites avec force détails.

Mais le plus extraordinaire n'est pas là. Le capitaine examine le thermomètre du container frigorifique. Il indique 20°. En fait, le système de réfrigération n'avait pas été activé durant tout le trajet du retour. L'homme est mort de froid parce qu'il croyait que le système de réfrigération fonctionnait et qu'il s'imaginait avoir froid. Ce n'était que son imagination qui l'avait tué.

Perception des couleurs :

Les couleurs font varier les perceptions de nos sens. C'est bien connu, une pièce rouge rend agressif. Une pièce vert clair calme. C'est d'ailleurs la couleur de référence des prisons. Le violet donne des maux de tête. Le noir rétrécit notre perception des volumes. L'orange les élargit. Le turquoise permet la relaxation. Un carton bleu marine nous semblera peser plus lourd qu'un carton jaune vif. On entend plus fortement un bruit dans une chambre blanche que dans une chambre mauve.

Peur fourmi :

Normalement une fourmi n'a jamais peur. Tout simplement parce qu'elle n'a pas conscience de la mort ou de sa propre fragilité.

Au mieux, elle sera inquiète pour la survie de sa cité et de l'ensemble de sa communauté. Jamais il ne lui viendra à l'idée "pourvu que je ne meure pas".

Pour comprendre l'absence de peur chez la fourmi, il faut bien comprendre que l'ensemble de la fourmilière vit comme une un organisme unique. Chaque fourmi est comme une cellule d'un corps humain.

Est-ce que les extrémités de nos ongles redoutent d'être coupées ? Est-ce que nos poils de menton craignent l'arrivée du rasoir ? Est-ce que nos dents ont peur lorsqu'on décapsule une bouteille avec la bouche ? Est-ce que notre gros orteil s'effraie lorsqu'on l'envoie tester la température d'un bain bouillant ?

Certes, ils ressentiront une douleur. Mais ils n'auront pas peur parce qu'ils n'ont pas conscience d'être des entités autonomes. De même, si notre main gauche pince la droite, elle ne suscitera aucune rancune. Si notre main droite est plus garnie de bagues que notre main gauche, il n'y aura pas de jalousie. Quand on s'oublie et qu'on ne pense qu'à l'ensemble de la communauté-organisme, on n'éprouve plus de soucis. C'est peut-être l'un des secrets de la réussite sociale du monde des fourmis.

Phalanstère :

Charles Fourier était un fils de drapier né à Besançon en 1772. Dès la Révolution, il fait preuve d'étonnantes ambitions pour l'humanité. Il veut changer la société. Il explique en 1793 ses projets aux membres du Directoire qui se moquent de lui.

Dès lors, il décide de se ranger et devient comptable. Lorsqu'il a du temps libre, Charles Fourier poursuit néanmoins sa marotte d'une société idéale qu'il décrira dans les moindres détails dans plusieurs livres : "Le Nouveau Monde amoureux", etc...

Selon lui, les hommes doivent vivre en petites communautés de 1600 à 1800 membres. La communauté (phalange) remplace la famille, il n'y a plus de rapports parentaux, de rapports d'autorité. Chacun verse un impôt qui sert à subvenir aux besoins de la communauté. Le gouvernement est restreint à son strict minimum. Les décisions importantes se prennent en commun, chaque jour, sur la place centrale du village.

La phalange vit dans une sorte de maison-cité unique, que l'utopiste baptise phalanstère. Fourier décrit précisément son phalanstère idéal : une sorte de château de 3 à 5 étages. A la hauteur du premier niveau, des rues rafraîchies en été par des jets d'eau, chauffées en hiver. Au centre, un théâtre, une salle de repas, une bibliothèque, un observatoire, un temple, un télégraphe.

Des disciples de Fourier construiront des phalanstères jusqu'en Argentine, au Brésil, au Mexique et aux Etats-Unis.

En France, en 1859, André Godin, l'inventeur des poêles de chauffage, crée une communauté inspirée des phalanstères de Fourier. 1200 personnes vivent ensemble, fabriquent des poêles et se partagent les profits. Mais le système ne se maintiendra que grâce à l'autorité paternaliste de la famille Godin.

Phéromone humaine :

Il n'y a pas que les insectes qui communiquent par les odeurs. L'homme dispose lui aussi d'un langage olfactif par lequel il dialogue discrètement avec ses semblables.

C'est un langage imperceptible, on se doute à peine qu'il existe, mais pourtant, nous pouvons chaque jour en constater les effets. Et ils conditionnent une bonne partie de notre vie.

Comme nous ne disposons pas d'antennes émettrices, nous projetons les phéromones dans l'air à partir de certaines zones spécifiques de notre corps : les aisselles, les tétons, le cuir chevelu et les organes génitaux.

Ces messages sont perçus inconsciemment, mais n'en sont pas moins efficaces. L'homme a cinquante millions de terminaisons nerveuses olfactives. Cinquante millions de cellules capables d'identifier des milliers d'odeurs, alors que notre langue ne sait reconnaître que quatre saveurs.

Quel usage faisons-nous de ce mode de communication ?

Tout d'abord l'appel sexuel. Un mâle humain pourra très bien être attiré par une femelle humaine uniquement parce qu'il a apprécié ses parfums naturels (d'ailleurs trop souvent cachés sous des parfums artificiels !). Il pourra de même se trouver repoussé par une autre dont les phéromones ne lui "parlent" pas.

Le processus est subtil. Les deux êtres ne se douteront même pas du dialogue olfactif qu'ils auront entretenu. Il y aura simplement peut-être quelqu'un pour remarquer à leur propos que "l'amour est aveugle".

Cette influence des phéromones

humaines peut aussi se manifester dans les rapports d'agression. Comme chez les chiens, un homme qui hume des effluves transportant le message "peur" de son adversaire aura naturellement envie de l'attaquer.

Enfin l'une des conséquences les plus spectaculaires de l'action des phéromones humaines est sans doute la synchronisation des cycles menstruels. On s'est en effet aperçu que plusieurs femmes vivant ensemble émettent des odeurs qui ajustent leur organisme de sorte que les règles de toutes se déclenchent en même temps.

Pilotage du cerveau :

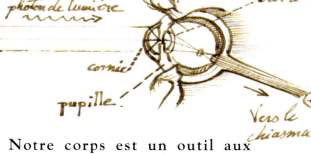

Notre corps est un outil aux possibilités infinies. A force de les considérer comme des automatismes, nous en oublions les subtilités. Par exemple, nos paupières sont rétractables pour nous protéger des excès de lumière. Un système de thermostat maintient la température interne de notre corps aux alentours de 37°2.
- Si nous attrapons un microbe ou un germe infectieux, un système de chauffage exceptionnel se met en marche pour les brûler : la fièvre.
- Nous avons dans les narines des poils qui nous permettent de filtrer les poussières et les impuretés de l'air.
- Nos ongles sont des armes naturelles de combat.
- Le sommet de notre crâne est protégé des rayons solaires par un matelas de poils.
- Nos orifices nasaux sont protégés de la pluie en étant tournés vers le bas.
- Les testicules des hommes sont placés à l'extérieur du corps pour conserver les spermatozoïdes à une température plus fraîche que celle du reste du corps.
- La surface extérieure de notre corps peut être refroidie par une émission de gouttelettes de liquide : la sueur
- Nos fesses matelassées de graisse nous permettent, au besoin, de garder sans trop d'inconfort la position assise pendant plusieurs heures.
- Nos sourcils protègent nos yeux de l'eau de pluie en faisant office d'éponges.
- Notre iris se livre automatiquement à une mise au point pour offrir à notre œil la meilleure netteté par rapport à l'intensité de la lumière.
- Notre peau est élastique.
- Notre squelette est conçu de façon à offrir un maximum de protection au cœur et au cerveau.
- Nos oreilles ont une forme de cuvette pour permettre une réception maxima des sons.
- Notre bouche est entourée de lèvres et ses muqueuses richement irriguées en sang peuvent percevoir le degré de chaleur de la nourriture sur le point d'être ingurgitée.

Plus petit dénominateur commun :

L'expérience animale la plus partagée entre tous les humains de la Terre est la rencontre avec

Le Livre Secret des Fourmis

des fourmis. On trouvera forcément des peuplades qui n'ont jamais vu de chat ou de chien ou d'abeille ou de serpent, mais on ne rencontrera jamais d'individus qui n'aient pas un jour joué à se laisser escalader par une fourmi. C'est notre vécu commun le plus répandu.

Or, de l'observation de cette fourmi qui marche sur notre main, nous avons acquis des informations de base du genre : un : la fourmi bouge ses antennes pour comprendre ce qui lui arrive. Deux : elle va partout où il est possible d'aller. Trois : elle monte sur la deuxième main si on lui barre le chemin avec la première. Quatre : on peut stopper une colonne de fourmis en traçant une ligne devant elle de son doigt mouillé (les insectes arrivent alors comme devant un mur invisible infranchissable qu'ils finissent par contourner).

Cela, nous le savons tous. Pourtant ce savoir enfantin, ce savoir primaire partagé par tous nos ancêtres et tous nos contemporains, ne sert à rien. Car il n'est ni repris à l'école (où l'on étudie la fourmi de manière rébarbative, par exemple en mémorisant les noms des fragments de son corps, franchement quel intérêt ?), ni utile pour trouver un métier.

Politique : L'animal le plus politique est évidemment la fourmi. Car elle seule place les intérêts de la communauté avant ses intérêts propres. Dans les sociétés mammifères, que ce soit chez l'homme, le loup, le rat, le cochon, le gnou… le politique est obligatoirement une contrainte puisque le lien le plus fort n'est pas celui qui relie l'individu à l'Etat, mais celui qui relie l'individu à sa famille : enfants, parents, femmes, maris, frères, sœurs.

La notion de famille a tout au long de l'Histoire démontré qu'elle était plus forte que les systèmes monarchistes, capitalistes, communistes. La notion de famille, chez les mammifères, est une résistance à la vie sociale de masse.

Dans les cités fourmis, termites ou abeilles, cette notion n'existe pas. Chacun ne pense qu'aux "Res Publica", aux choses publiques. Ce sont les insectes qui ont d'ores et déjà bâti la République "idéale" telle que l'a décrite Platon, cette république quasiment parfaite où chacun se sent intimement concerné par tout ce qui arrive à l'ensemble de ses congénères. Même ceux qu'il ne connaît pas personnellement.

Pour trouver une idée : Technique pour trouver des idées ou une solution à un problème compliqué (utilisée par Salvador Dali, lui-même s'était inspiré d'un gadget de réflexion des moines d'un monastère cistercien).

S'asseoir sur une chaise munie de deux gros

Encyclopédie du Savoir Relatif et Absolu

accoudoirs. Prendre une assiette à soupe et une petite cuillère. Une cuillère à soupe si on a le sommeil profond. Retourner l'assiette à soupe vers sur le sol. Tenir mollement la cuillère par le bout du manche entre le pouce et le majeur au-dessus de l'assiette. Commencer à s'endormir en pensant au problème que l'on a à résoudre.

Lorsque la cuillère tombe sur l'assiette et vous réveille brutalement, le problème est résolu.

Prédateur :

Que serait notre civilisation humaine si elle ne s'était pas débarrassée de ses prédateurs majeurs : les loups, les lions, les ours ou les lycaons ?

Sûrement une civilisation inquiète en perpétuelle remise en cause.

Jadis, les Romains, pour se donner des frayeurs au milieu de leurs libations, faisaient apporter un cadavre frais. Tous se rappelaient ainsi que rien n'est jamais gagné et que la mort peut survenir à n'importe quel instant.

Mais de nos jours, l'homme a écrasé, éliminé, mis au musée toutes les espèces capables de le manger. Si bien qu'il ne reste plus que les microbes, et peut-être les insectes, pour l'inquiéter.

La civilisation myrmécéenne, en revanche, s'est développée sans parvenir à éliminer ses prédateurs majeurs. Résultat : cet insecte est en remise en cause permanente. Il sait qu'il n'a parcouru que la moitié du chemin puisque même les animaux les plus primitifs peuvent détruire d'un coup de patte le fruit de mille millénaires d'expérience réfléchie.

Premier maître du monde :

Au commencement était le chaos. La Chine du 3ème siècle avant J.C. était divisée en trois royaumes qui se faisaient en permanence la guerre : le T'sin, le Tchou et le Tchao. Parallèlement, l'industrie métallurgique se développait, la communauté agricole éclatait, les gens se regroupaient dans des structures plus grandes pour mieux profiter des machines : c'était l'exode rural. Qui dit peuplement des villes dit naissance d'une classe bourgeoise intellectuelle. Or l'apparition des étudiants en droit généra un système inconnu jusque là : la tyrannie absolue. Les étudiants en droit formaient un groupe, les légistes, qui voulut établir l'Etat Absolu Parfait. Ils poussèrent Tsin Chi Houang Ti, roi du T'sin, à expérimenter tous les pouvoirs de sa fonction.

La population était quadrillée et auto-surveillée. La délation devint obligatoire. Ne pas dénoncer constituait en soi un délit. Le circuit de délation s'établit comme suit : cinq familles formaient une brigade. A l'intérieur de chaque brigade, un surveillant officiel était chargé de faire régulièrement son rapport. Un surveillant officieux secret était chargé de surveiller le surveillant officiel. La boucle était ainsi bouclée.

Cinq brigades formaient un hameau. A chaque échelon, si on apprenait que la délation n'avait pas fonctionné, c'était tout le groupe qui en était tenu pour responsable.

Les légistes établirent une administration hors pair extrêmement compartimentée. Mais Tsin Chi Houang Ti avait trop bien retenu la leçon, il exigeait à tout moment enquêtes et contre-enquêtes sur ses sujets. N'ayant confiance finalement dans aucun des légistes, il créa une police d'enfants

Le mot fourmi en Chinois se prononce "MA HIAO". MA veut dire petit, HIAO veut dire cheval.

牛 = petit
中 = milieu
丁 = bas
馬 = cheval

(donc de purs) chargée de surveiller les fonctionnaires et de dénoncer ces deux fléaux que sont les réactionnaires et les progressistes. L'administration ne doit aller ni en avant ni en arrière, elle doit tout faire pour que tout reste immobile.

Dès lors les légistes débordèrent d'idées. Ils voulaient inventer la "loi réflexe". Qu'est ce que la loi réflexe ? C'est une loi qui n'est ni orale ni écrite, c'est une loi qui est inscrite dans nos gènes de telle manière qu'il est impossible de ne pas lui obéir. Comment rendre la loi réflexe ? Par la terreur. Les légistes inventèrent le concept de supplice chinois. C'est une punition si horrible que tout le monde retient instantanément la loi et ne peut même plus imaginer de commettre un délit. La torture va devenir une science, les bourreaux des stars, il se crée même une école de torture. Normalement, quelques supplices publics suffisaient à informer le peuple des nouvelles lois, mais il fut instauré des délais de tournées des bourreaux afin que le peuple n'ait pas le temps de les oublier.

Les légistes rivalisaient d'idées originales. Après la "loi réflexe", ils lancèrent "l'interdiction de penser". En 213 avant JC est promulgué un édit de Tsin Chi Houang Ti signalant que les livres sont des objets terroristes. Lire un livre, c'est porter atteinte à la sûreté de l'Etat. D'ailleurs ils y vont encore plus carrément : l'intelligence est officiellement décrétée ennemie numéro un de l'Etat. Nul ne doit être intelligent. Les légistes proclamèrent que toute personne qui pense pense forcément contre l'Empereur. Or comment empêcher les gens de penser ? En les saoulant de travail. Il fallait que nul n'ait

"Le mandarin a le droit de critiquer mais uniquement s'il a le cercueil sous le bras" Proverbe chinois de la cité interdite.

de répit, car le répit est source de réflexion. La réflexion mène à la rébellion, la rébellion au supplice. Autant prendre le problème à la racine.

Ayant vaincu les deux royaumes voisins, Tsin Chi Houang Ti, en pleine crise de mégalomanie, s'auto-proclama maître du monde. Grand Empereur de Chine. Il faut préciser qu'à l'époque, pour les Chinois, le monde s'arrêtait à la mer de Chine à l'est et à l'Himalaya à l'ouest. Ils pensaient qu'au-delà de ces montagnes ne vivaient que des barbares et des animaux sauvages.

Ces rapides victoires ne suffisaient cependant pas à calmer l'empereur. Voyant son armée inutile car conquérante, il se lança dans de grands projets. Il entreprit la construction de la muraille de Chine. Le chantier n'était au début qu'une sorte de camp de travail pour intellectuels, mais bien vite il se transforma en bon moyen de réguler sa population. Quarante millions de Chinois trouvèrent la mort dans l'édification de ce monument. Vers la fin, Tsin Chi Houang Ti perdit toute confiance en son entourage humain. Après avoir fait massacrer son harem et l'ensemble de ses ministres légistes, il demanda donc à son maître horloger de lui fabriquer des automates en métal, seuls subordonnés dont il était assuré qu'ils ne le trahiraient jamais.

Ces robots humanoïdes étaient des merveilles de techno logie pour l'époque. C'était probablement la première fois que quelqu'un cherchait délibérément à remplacer l'homme par la machine.

Cependant, Tsin Chi Houang Ti n'était toujours pas satisfait. Il ne lui suffisait plus d'être un maître du monde obéi, il voulait aussi être immortel. Il fit donc de la rétention de sperme (au moment de l'éjaculation, une petite ficelle empêchait le sperme de sortir et l'énergie vitale revenait ainsi dans le corps) et il introduisit de l'oxyde de mercure dans tous ses aliments. Ce produit chimique était à l'époque considéré comme susceptible de permettre de vivre plus longtemps. Conséquence :

la toilette de la Mouche

T'sin pensait que ses seuls ministres fiables étaient des automates

l'empereur mourut finalement d'un empoisonnement à l'oxyde de mercure.

La terreur qu'il avait instaurée de son vivant demeura pourtant si puissante qu'il fut honoré, nourri et respecté jusqu'à ce que l'odeur de son cadavre devienne absolument pestilentielle.

Aztèques et les Mayas l'ont toujours su.

Si on place un objet au centre et aux deux tiers de sa hauteur, il subit des modifications peu courantes. Les fleurs sèchent sans perdre leur couleur. La viande s'y racornit sans pourrir. Une lame de rasoir ou un couteau s'y affûte.

Pour qu'une pyramide ait cette propriété, elle doit respecter le même rapport de taille. Si la hauteur fait 10,00 unités de mesure, la base doit avoir 15,70 unités de mesure,

Propreté :
Qu'y a-t-il de plus propre qu'une mouche ? Elle se lave en permanence car pour elle, ce n'est pas un devoir mais un besoin. Si toutes ses antennes et ses facettes ne sont pas impeccablement propres, elle ne repérera jamais les aliments lointains et elle ne verra jamais la main qui s'abat sur elle pour l'écraser. La propreté est un élément majeur de survie chez les insectes.

Pyramide :
Les fourmis construisent leur cité de forme pyramidale. Pour avoir une meilleure résistance aux intempéries.

La forme pyramidale a des propriétés étranges. Les Egyptiens mais aussi les

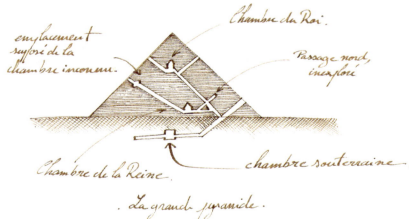

emplacement supposé de la chambre inconnue.
Chambre du Roi.
Passage nord, inexploré
Chambre de la Reine.
chambre souterraine.
La grande pyramide.

l'arête doit avoir 14,94 unités de mesure.

Donc pour une pyramide de 10 cm de haut, il faut une arête 14,94 cm. Pour une pyramide de 100 m de haut, il faut une arête de 149,40 mètres.

La pyramide doit être orientée de manière que chaque côté soit placé face à un point cardinal.

La pyramide est copiée sur la fourmilière pour mieux résister aux intempéries

Quand nous mourrons :

Dès le moment où un être humain meurt et reste à l'air libre, mouches, vers et punaises se succèdent sur nos dépouilles dans un ballet dont la chorégraphie est immuable En général, les premières actrices sont les mouches Calyphora, dites aussi "mouches bleues". Elles se régalent de nos chairs fraîches, puis pondent leurs œufs dans les interstices de notre cadavre. Dès que nos muscles commencent à pourrir, elles s'en vont car elles détestent tout ce qui est en état de putréfaction. Le relais est pris par les mouches vertes (Chrysomies) qui, elles, adorent quand la chair est un peu boucanée. Elles mangent un peu et pondent leur progéniture.

Puis viennent les mouches grises (Sarcophaga) qui font de même.

Ce n'est qu'une fois que les premières escadrilles de mouches ont opéré qu'apparaissent les coléoptères : dermeste du lard et dermeste noir. Ils commencent le travail de nettoyage qui va permettre à notre corps de se recycler dans mère nature.

Ils mangent.

Puis viennent les petites mouches Piophiles, dont les larves avides de fermentation se trouvent aussi dans les fromages trop faits (style munster ou fromage corse). Enfin le ballet s'achève par des diptères Ophyres, des nécrophores et même de minuscules araignées, chacun ne mangeant que sa part et laissant intacte celle des suivants. Il suffit de regarder l'action des cohortes de nos "recycleurs" pour déduire l'heure et l'histoire d'un cadavre.

Si une cohorte manque, c'est peut-être que le cadavre a été déplacé.

Nous sommes vraiment peu de chose.

Encyclopédie du Savoir Relatif et Absolu

Question :

Parmi les questions qu'offre l'observation d'une fourmilière : pourquoi après l'un de mes saccages ramenaient-elles certains blessés et laissaient-elles les autres mourir ? Tous étaient de même taille. Selon quels critères de sélection un individu était-il jugé intéressant et un autre négligeable ?

Question d'espace-temps :

Autour d'un atome on trouve plusieurs orbites d'électrons. Certains sont tout proches du noyau, d'autres sont éloignés.

Mais si un événement extérieur les oblige à changer d'orbite, s'ils s'éloignent du noyau, il y a aussitôt émission d'énergie sous forme de lumière, de chaleur, de rayonnement.

Déplacer un électron d'une couche basse pour l'amener dans une couche plus haute, c'est comme emporter un borgne au pays des aveugles. Il rayonne, il n'a aucun mal à impressionner, il est le roi.

Par contre, si on déplace un électron d'orbite haute pour l'amener dans une orbite plus basse, c'est le contraire qui se produit.

De la même manière, l'univers est construit en lasagne. Des espaces-temps différents se côtoient, agencés en couches superposées. Certains sont rapides et sophistiqués, d'autres sont lents et primaires.

On retrouve ces strates à tous les niveaux.

Une fourmi très intelligente et très débrouillarde, placée dans l'univers humain, n'est qu'une petite bête maladroite et craintive. Un humain stupide et attardé placé à côté d'une fourmilière est un dieu omnipotent. Mais... la fourmi qui aura été en contact avec les humains aura beaucoup appris de cette expérience. Lorsqu'elle retournera auprès des siens, la connaissance de l'espace-temps supérieur lui donnera un pouvoir certain sur tous ses semblables.

L'un des moyens de progresser est de se retrouver un instant paria dans la dimension supérieure puis de revenir dans la dimension inférieure.

Cette image inspirée d'une photo représente deux fourmis de la même espèce. Deux sœurs !

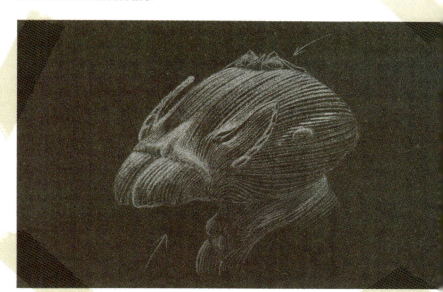

Qui êtes-vous ?

Mais au fait qui êtes-vous ?

Avant d'aller plus loin, j'aimerais vous connaître mieux, cher lecteur inconnu. Ce livre est interactif.

Déclinez devant les pages de ce livre vos nom, âge, sexe, nationalité, profession.

Décrivez-vous.

Quelles sont vos pôles d'intérêt dans la vie ?

Quels sont vos forces et vos faiblesses ?

Quels est votre souvenir le plus agréable ? Et le plus pénible ?

Parlez-moi un peu de vos parents, de vos amis et de vos ambitions.

Quel genre de musique écoutez-vous ?

LE LIVRE SECRET DES FOURMIS

Quel genre de livres lisez-vous ?

Qu'est ce qui vous énerve le plus ?

Qu'est ce qui vous enthousiasme le plus ?

Oh... et puis peu importe. Je sais qui vous êtes.

Je sens vos mains qui caressent mes pages. C'est assez jouissif d'ailleurs. Sur le bout de vos doigts, dans les sinuosités de vos empreintes digitales, je lis vos caractéristiques les plus secrètes.

Tout est inscrit dans le moindre fragment de vous. Je perçois même les traces de vos ancêtres.

Dire qu'il a fallu que ces milliers de gens ne meurent pas trop jeunes, draguent et s'accouplent pour arriver jusqu'à votre naissance.

Aujourd'hui, j'ai l'impression de vous voir en face de moi.

Non, ne souriez pas, restez naturel. Laissez-moi voir plus profondément en vous. Vous êtes beaucoup plus que vous ne le croyez. Vous n'êtes pas seulement un nom et un prénom avec une histoire sociale.

Vous êtes 71% d'eau claire, 18% de carbone, 4% d'azote, 2% de calcium, 2% de phosphore, 1% de potassium, 0,5% de soufre, 0,5% de sodium, 0,4% de chlore. Plus une belle cuillère à soupe d'oligo-éléments divers : magnésium, zinc, manganèse, cuivre, iode, nickel, brome, fluor, silicium. Et une petite pincée de cobalt, aluminium, molybdène, vanadium, plomb, étain, titane, bore.

Voilà la recette de votre existence.

Tous ces matériaux proviennent de la combustion des étoiles et ils sont répartis ailleurs que dans votre corps. Votre eau est similaire à celle du plus anodin des océans, votre phosphore vous rend solidaire des allumettes et votre chlore est semblable à celui qui sert à désinfecter les piscines.

Mais vous n'êtes pas que ça.

Vous êtes une cathédrale chimique, un jeu de construction faramineux avec des dosages, des équilibres, des mécanismes d'une complexité à peine concevable. Car vos molécules sont elles-mêmes formées d'atomes, de particules, de quarks, de vide, le tout lié par des forces électro-magnétiques, gravitationnelles, électroniques d'une subtilité qui vous dépasse.

Quoique. Si vous avez réussi à trouver ce volume, c'est que vous êtes malin et que vous connaissez déjà beaucoup de choses de mon monde. Qu'avez-vous fait de ce savoir ? Peut-être une révolution ? Peut-être une évolution ? Sûrement rien.

Maintenant installez-vous un peu mieux pour lire. Tenez votre dos droit, respirez plus amplement. Décontractez votre bouche. Ecoutez-moi.

Tout cela, tout ce qui vous entoure dans le temps et dans l'espace ne sert pas à rien. Vous ne servez pas à rien. Votre vie éphémère a un sens, elle ne mène pas nulle part.

Tout a un sens. Ce n'est pas un hasard, si vous êtes là en train de lire.

Respirez amplement, détendez vos muscles, ne pensez plus à rien d'autre qu'à l'univers dans lequel vous n'êtes qu'une infime poussière.

Imaginez le temps en accéléré.

Pfout, vous naissez, éjecté de votre mère comme un vulgaire noyau de cerise. Tchac, tchac, vous vous empiffrez de milliers de plats multicolores, transformant quelques tonnes de végétaux et d'animaux en excréments.

Pif, vous êtes mort.

Qu'avez-vous fait de votre vie ?

Pas assez...

Faites quelque chose, n'importe quoi, de tout petit même, mais bon sang, faites quelque chose de votre vie avant de mourir.

Vous n'êtes pas né pour rien.

Trouvez pourquoi vous êtes né.

Quelle est votre minuscule mission ?

Vous n'êtes pas né par hasard.

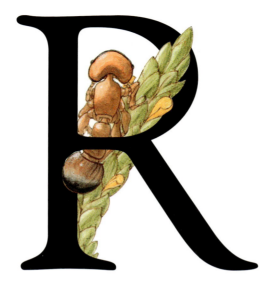

Rapport de force :

Une expérience a été effectuée sur des rats. Pour étudier leur capacité de natation, un chercheur du Laboratoire de biologie comportementale de la faculté de Nancy, Didier Desor, en a réuni six dans une cage. La cage n'a qu'une seule sortie débouchant dans une piscine et au bout de la piscine, il y a une mangeoire distribuant les aliments.

Rapidement, on a constaté que tous les six rats n'allaient pas chercher eux-mêmes leur nourriture en nageant. Des rôles apparaissaient. Sur six rats, on trouvait en général : deux nageurs exploités, deux fainéants exploiteurs, un autonome et un souffre-douleur. Les deux nageurs exploités allaient chercher la nourriture en nageant sous l'eau. Lorsqu'ils revenaient à la cage, les exploiteurs leur donnaient des coups et leur enfonçaient la tête sous l'eau jusqu'à ce qu'ils lâchent leur magot. Ce n'est que lorsqu'ils avaient nourri les deux exploiteurs terroristes que les exploités soumis pouvaient se permettre de consommer leurs propres croquettes.

Les exploiteurs, eux, ne nageaient pas, ils se contentaient de frapper les nageurs pour être nourris. L'autonome était un nageur assez costaud pour ne pas céder aux exploiteurs. Il devait se battre en permanence pour ne pas se faire voler ses croquettes. Enfin le souffre-douleur était incapable de nager et incapable de terroriser les nageurs, alors il ramassait les miettes tombées lors des combats. Cette structure : deux exploités, deux exploiteurs, un individualiste, un souffre-douleur, se retrouvait dans les vingt cages de l'expérience.

Pour mieux comprendre ce mécanisme de

Chez les rats il y a toujours ceux qui bossent et ceux qui se payent en terrorisant les autres

hiérarchie, les chercheurs ont placé six exploiteurs ensemble. Ils se sont battus toute la nuit. Au matin, deux d'entre eux s'étaient mis à la plonge, un nageait seul et un recevait les coups. On a fait de même avec les rats au comportement d'exploité soumis. On les a réunis et le lendemain matin, deux d'entre eux jouaient les pachas.

Mais là où cette expérience donne vraiment à réfléchir, c'est que lorsqu'on a ouvert les crânes des rats pour étudier leur cerveau, on s'est aperçu que les plus stressés étaient les fainéants exploiteurs. Ils redoutaient de ne plus être obéis par les exploités.

Rats-taupes :
Le rat-taupe est le seul cas connu de mammifère aux mœurs insecte !

Les rats-taupes ont une reine des castes et même des cités souterraines

Le rat-taupe (Heterocephalus glaber) vit en Afrique de l'est, entre l'Ethiopie et le nord du Kenya. Cet animal est aveugle et sa peau rose est dépourvue de poils. Grâce à ses incisives faisant office de mandibules, il creuse des tunnels en sous-sol sur plusieurs kilomètres. Une colonie de rats-taupes comprend en moyenne 500 individus.

Mais le plus étonnant chez cet animal est sans aucun doute son comportement social. Tout comme chez les fourmis, on distingue chez les rats-taupes trois castes principales : sexués, ouvrières, soldats. Une seule femelle, qu'on pourrait nommer "la reine des rats-taupes", peut enfanter. Elle accouche d'un nombre phénoménal de petits. Une seule portée peut donner naissance à 30 individus de toutes les castes. Pour demeurer unique "pondeuse", la reine des rats-taupes émet une phéromone dans son urine qui bloque les hormones reproductrices des autres femelles du nid.

La constitution en "fourmilière" des colonies de rats-taupes peut s'expliquer par le fait que ce rongeur vit dans des régions quasi désertiques et se nourrit de racines et de tubercules. Or si certains de ces aliments sont très volumineux, ils sont aussi très dispersés. Seul, un rat-taupe pourrait creuser droit devant lui sur des kilomètres sans rien trouver et il mourrait de faim. Par contre, réunis en vaste société, les rats-taupes multiplient leurs chances de trouver leur nourriture. Chaque tubercule repéré est équitablement partagé entre tous les membres de la colonie.

Seule différence avec une société fourmis : les mâles survivent à l'acte d'amour.

Réalité parallèle :
La réalité dans laquelle nous sommes n'est peut-être pas la seule. Il existerait d'autres réalités parallèles.

Par exemple, alors que vous lisez ce livre dans cette réalité, dans une autre réalité, vous êtes en train de vous faire assassiner, dans une troisième réalité, on vient vous annoncer que vous avez gagné au loto, dans une quatrième réalité, vous avez soudain envie de vous suicider, etc... Il y aurait comme cela des centaines, voire des milliers de réalités parallèles qui se répandraient en permanence comme les branches d'un

Encyclopédie du Savoir Relatif et Absolu

arbre.

Mais au bout d'un certain temps, une voie de réalité serait choisie, figée et les autres réalités s'évaporeraient. Dès qu'une ligne de réel serait durcie, la multitude des nouvelles réalités parallèles en découlerait.

Peu à peu, le tronc d'où partent les nouvelles branches se fixerait. Dès lors il n'y aurait plus accès aux anciennes ébauches de réalités.

Visiblement, il semblerait ici et maintenant que la réalité où vous êtes en train de lire l'ESRA est celle qui a été choisie, durcie et fixée (par qui ? selon quels critères de choix ? On l'ignore).

Cela peut sembler évidemment complètement loufoque, mais la physique quantique arrive aux mêmes conclusions. On connaît par exemple l'expérience du chat de Schrödinger. Il s'agit d'un matou qu'on a installé dans une boîte avec au-dessus de lui une capsule de cyanure mortelle retenue seulement par un électron.

La boîte a deux fentes, l'une qui dirige la lumière sur l'électron charnière et l'autre qui la dévie. On projette un photon de lumière sur la boîte et celui-ci a donc une probabilité sur deux de tuer le chat.

Eh bien on arrive à prouver mathématiquement qu'après l'expérience, le chat est 50% vivant et 50% mort. Il reste à cheval entre ces deux réalités jusqu'au moment où l'on soulève la boîte pour savoir.

Le fait de soulever la boîte et de l'observer fait alors basculer le chat dans une réalité : celle où il est vivant ou celle où il est mort. Mais tant que la boîte n'est pas soulevée, on considère en physique quantique que le chat est simultanément "mort ET vivant".

Recette du pain humain :

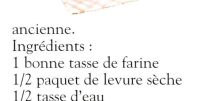

L'aliment de la ville sociale, c'est le pain. Les fourmis pétrissent une sorte de pâte de champignon haché qui correspond à ce concept.

Recette du pain "humain" à l'usage de ceux qui voudraient retrouver cette magie ancienne.

Ingrédients :
1 bonne tasse de farine
1/2 paquet de levure sèche
1/2 tasse d'eau
1 cuillérée à café de sucre
1/2 cuillérée à café de sel.

Le secret du pain enfin révélé.

Versez la levure et le sucre dans l'eau et laissez-les reposer pendant une demi-heure. Une mousse épaisse et grisâtre se forme alors. Versez la farine dans une jatte, ajoutez le sel, creusez un puits au centre pour y verser lentement le liquide. Touillez tout en versant. Couvrez la jatte et laissez reposer un quart d'heure dans un endroit tiède et à l'abri des courants d'air. La température idéale est de 27°C mais à défaut, il vaut mieux une température plus basse. La chaleur tuerait la levure. Quand la pâte a levé, travaillez-la un peu à pleines mains. Puis laissez-la à nouveau lever pendant 30 minutes. Ensuite vous pouvez la faire cuire pendant une heure dans un four ou dans des cendres.

Si vous n'avez pas de four ni de cendres, vous pouvez faire cuire le pain sur une pierre en le laissant au grand soleil.

Règles d'Alynski :

En 1970, Saul Alynski, provocateur hippy, ancien étudiant en archéologie, ancien gangster d'Al Capone, fondateur du plus grand syndicat américain, publiait un manuel énonçant dix règles tactiques pour survivre en société.

1- Le pouvoir n'est pas ce que vous avez, mais ce que votre entourage croit que vous avez.

2- Sortez du champ d'expérience de votre adversaire, inventez des nouveaux terrains de lutte

Le Livre Secret des Fourmis

dont il ne possède pas encore le code de conduite.

3- Combattez l'ennemi avec ses propres armes. Utilisez les éléments de son propre livre de référence pour l'attaquer.

4- L'humour est l'arme la plus efficace lors d'une confrontation verbale. Si on arrive à ridiculiser, ou mieux, à contraindre l'adversaire à se rendre ridicule tout seul, il lui devient très difficile de remonter au créneau.

5- Une tactique ne doit jamais devenir une routine. Surtout lorsqu'elle marche. Répétez-la pour en connaître la force et les limites, puis changez-en. Quitte à adopter la tactique exactement contraire.

6- Maintenez l'adversaire en défense. Il ne doit jamais pouvoir se dire : "Bon, j'ai un répit, profitons-en pour nous réorganiser." On doit utiliser tous les éléments externes d'actualité pour maintenir cette pression.

7- Ne jamais bluffer si on n'est pas capable de passer aux actes. Sinon on perd toute crédibilité.

8- Les handicaps apparents peuvent devenir les meilleurs atouts. Il faut revendiquer chacune de ses spécificités comme une force et non comme une faiblesse.

9- Si on obtient la victoire, il faut être capable de l'assumer et d'occuper le terrain. Un nouveau chef élu doit tenir en stock un nouveau programme pour remplacer l'ancien. Sinon cela ne sert à rien de prendre le pouvoir.

10- Focaliser la cible et ne pas en changer durant la bataille. Il faut que cette cible soit la plus petite, la plus précise et la plus représentative possible.

Règne du calife Al Akhim :

Le calife de la dynastie fatimide Al Akhim vivait au Caire. Cet homme était fasciné par le contrôle de sa ville et les limites du concept de pouvoir. Il se mit donc à édicter des lois absurdes, puis il se promena dans sa ville déguisé en simple promeneur pour observer les réactions de son peuple. En somme, il se livra à des expériences sociologiques directes en prenant toute sa population comme cobaye.

Pour tester la soumission de son peuple, il commence par interdire le travail de nuit. Il prétend que le manque de lumière est mauvais pour les yeux. Toujours est-il que toute personne surprise à travailler la nuit à la bougie sera mise à mort. Déguisé en promeneur du soir, il surprend un boulanger en train de faire des heures supplémentaires et le condamne à être brûlé dans son propre four. Puis, s'étant aperçu que tout le monde se conforme à sa loi sur la nuit, il l'inverse. Interdiction de travailler le jour. Tout le monde n'a désormais le droit de travailler QUE la nuit.

Comme un animal dompté, son peuple obéit bien vite au doigt et à l'œil dès la promulgation de ses lois originales.

Dès lors, tout devient possible. Pour dominer toutes les confessions, il fait raser les églises des catholiques et les synagogues des juifs puis, toujours maître du chaud et froid, il fournit aux deux religions l'argent nécessaire pour reconstruire leurs temples.

Il interdit ensuite le parfum aux femmes. Il interdit qu'on leur fabrique des chaussures. Il interdit aux femmes de se maquiller pour finalement leur interdire carrément de sortir de chez elles. La ville est interdite aux femmes, point. Un jour, alors qu'il effectue sa tournée de vérification, il surprend un groupe de femmes dans un bain public. Il en fait aussitôt murer toutes les issues

Le Calife Al Akhim considérait son peuple comme un excellent terrain d'expérimentation des limites du pouvoir.

Les croisés croyaient bien faire. Ils firent pourtant régner la terreur... essentiellement en Occident.

afin qu'elles y meurent de faim.

Comme il a aussi l'instinct du jeu, il sème derrière lui des lettres cachetées, adressées aux émirs. Elles contiennnent soit le message "couvrez le messager d'or", soit le message "tuez le messager". Ramasser une lettre devient ainsi une sorte de loto national si ce n'est que les perdants mouraient.

On retrouva un jour ses vêtements ensanglantés le long d'une rivière. Probablement l'un de ses multiples ennemis l'avait-il assassiné. On n'a jamais retrouvé son corps. Mais le culte d'Al Hakim s'est developpé en secret. Avec le temps, on lui prêta les dons d'un chef plein de sagesse et d'imagination.

La religion druze (on trouve des Druzes notamment au Liban) est une religion initiatique qui s'est finalement revendiquée comme étant une prolongation de l'esprit d'Al Hakim.

Rencontre entre les civilisations :

La première croisade en direction de Jérusalem fut lancée en 1096 par

LE LIVRE SECRET DES FOURMIS

le pape Urbain II. Elle était composée d'une bande de pèlerins déterminés, mais dénués d'expérience militaire. Guidés par Gauthier-sans-Avoir et Pierre l'Ermite, ils avançaient vers l'est sans même savoir quels pays ils traversaient. Comme ils n'avaient rien à manger, ils pillaient ce qu'ils pouvaient sur leur passage et commirent bien plus de dégâts en Occident qu'en Orient. Ils étaient si affamés qu'ils se livrèrent au cannibalisme et ces "représentants de la vraie foi" se transformèrent rapidement en une bande de clochards loqueteux, sauvages et dangereux.

Le roi de Hongrie, chrétien lui aussi, mais agacé par les saccages de ces va-nu-pieds, se décida à les massacrer pour éviter que ses paysans ne se fassent agresser. Les rares survivants qui touchèrent la côte turque étaient précédés d'une telle réputation de barbares mi-hommes mi-bêtes que les autochtones les achevèrent sans hésitation à Nicée.

Le deuxième groupe de croisés à partir en direction de Jérusalem fut dirigé par Godefroi de Bouillon. Quatre mille cinq cents chevaliers aguerris s'étaient chargés de protéger les cent mille pèlerins. Il s'agissait généralement de jeunes nobles, qui n'avaient hérité d'aucun fief car ils étaient cadets, or seuls les aînés possédaient les terres. Sous le couvert de la religion, ces hobereaux espéraient conquérir des châteaux étrangers et acquérir ainsi des terres.

Ce qu'ils firent. Dès qu'un château était pris, les chevaliers s'y installaient et abandonnaient la croisade. A plusieurs reprises, des croisés se battirent entre eux pour la possession d'une ville vaincue. Le prince Bohémond de Tarente, par exemple, décida de prendre Antioche pour son compte personnel.

On en arriva à ce paradoxe que des nobles occidentaux firent alliance avec des émirs pour lutter contre d'autres nobles occidentaux associés à d'autres émirs. A la fin, on ne sut plus qui luttait avec qui ni contre qui et beaucoup avaient même oublié le but originel de la croisade.

République des idées :

Si on devait comparer la société fourmi à une société humaine, il faudrait la comparer à une communauté hippie. En effet, la première caractéristique du monde fourmi est l'absence de chef ou de hiérarchie. C'est plutôt un système de type anarchiste. Certes, il y a une reine, mais celle-ci reste enfermée dans sa loge et ne fait que pondre. Elle n'a aucun pouvoir politique.

Comment sont prises les décisions ? C'est le gouvernement des suggestions. Quand une fourmi a une idée, elle en parle à un groupe de soldats ou d'ouvrières et tente de les convaincre de la justesse de son point de vue. Elle ne réussira pas forcément. Mais tous les arguments seront soupesés. L'initiatrice pourra par exemple présenter des morceaux de terre, pour montrer qu'il faut déplacer le nid sur un sol plus meuble.

Si la fourmi-à-idée arrive à convaincre un groupe, le groupe fera tache d'huile et il se pourra même que toute la cité se déplace dans les cinq minutes qui suivent la première expression de l'idée. La cité évolue comme cela sur des "idées" de simple citoyen. Une fois l'idée réalisée, l'initiatrice n'en tirera pas gloire. Il n'y aura même pas de souvenir de sa réussite. Le seul avantage, en cas de réussite, sera que cette fourmi saura comment convaincre plus rapidement ses congénères pour sa prochaine idée.

La récompense, c'est juste de l'expérience et elle ne concerne que l'individu qui a agi.

Godefroi de Bouillon

Encyclopédie du Savoir Relatif et Absolu

En cas d'échec, il n'y aura pas de blâme pour l'initiatrice. Réussite ou échec, pour la fourmilière, c'est toujours une information supplémentaire.

Le fait que n'importe quel individu puisse à tout moment mouvoir la société entière sans avoir de "diplôme" ou de "grade" hiérarchique est un plus par rapport aux sociétés humaines où l'on n'écoute les gens que s'ils ont fait leurs preuves ou s'ils ont un titre quelconque.

A force de vouloir placer des fourches caudines pour éduquer les jeunes et pour les autoriser à être entendus, la société humaine perd énormément d'énergie et d'inventivité.

Rêve :
Au fin fond d'une forêt de Malaisie vivait une tribu primitive, la tribu des Senoïs. Ceux-ci organisaient toute leur vie autour des rêves. On les a d'ailleurs baptisés "le peuple du rêve".

Le matin, au petit déjeuner, autour du feu, tout le monde ne parle que des rêves qu'il vient d'effectuer. Des rêves racontés dépend toute la vie sociale de la tribu. Si un Senoï a rêvé qu'il a nui à quelqu'un, il devra offrir un cadeau à la personne lésée. S'il a rêvé qu'il s'est fait frapper par quelqu'un de l'assistance, l'agresseur devra s'excuser et offrir un cadeau à la victime supposée.

Chez les Senoï, dans le monde onirique, on vit et on apprend encore plus que dans la vie "palpable". Un enfant raconte qu'il a vu un tigre et qu'il a fui. On l'oblige à re-rêver du tigre la nuit suivante, à se battre avec lui et à le tuer. Les anciens expliquent à l'enfant comment il devra se battre dans le rêve. S'il échoue, il risque de se faire réprimander par toute la tribu.

De manière générale, dans le système de valeurs senoï, si on rêve de relations sexuelles, il faut se forcer à aller jusqu'au bout, c'est-à-dire jusqu'à l'orgasme et à l'offrande de remerciement de l'amant ou de l'amante (preuve que l'autre aussi a eu du plaisir). Si on rêve d'adversaires hostiles, il ne faut pas fuir, il faut se battre, vaincre et réclamer un cadeau à l'autre pour enfin s'en faire un ami. Le rêve le plus convoité est le rêve du vol. Celui qui rêve qu'il vole reçoit les félicitations de l'ensemble de la communauté. Lorsque l'enfant annonce son premier vol, c'est comme un baptême. On lui fait des cadeaux, puis on lui explique comment guider son vol pour se rendre en rêve dans des pays inconnus et en rapporter des offrandes exotiques.

Les Senoïs séduisirent d'autant plus les ethnologues occidentaux qu'ils vivaient dans une société idéale : sans violence, sans maladie mentale et... où le travail se résumait au strict nécessaire à la survie.

Les Senoïs ont complètement été décimés dans les années 1970, lors du défrichage de leur forêt. Cependant nous pouvons tous appliquer leur savoir.

Comment faire pour être lucide au cours d'un rêve ? Tout d'abord, commencer par noter tous les matins le souvenir du rêve de la veille, lui donner un titre et une date. Puis en parler à son entourage, au petit déjeuner, à la manière des Senoïs.

Les Senoïs pensaient que la vie rêvée était plus intéressante que la vie vécue. Et ils étaient heureux.

LE LIVRE SECRET DES FOURMIS

On attaquera ensuite l'onironautique proprement dite. Il s'agit, avant de s'endormir, de décider qu'on veut se réveiller dans son rêve. On peut même essayer de s'endormir en pensant au sujet auquel on aimerait rêver pour le rencontrer dans le monde des songes. Lorsque le décor apparaîtra, il faudra réussir à se dire : "Tiens je dors, testons les possibilités de cette situation." On se mettra à faire pousser des montagnes, à changer la couleur du ciel, en vert pourquoi pas, à faire surgir les animaux de son choix.

On testera ses propres possibilités. En rêve, on est omnipotent. Le premier test consiste à s'envoler. Etendez les bras, planez, serrez les bras, piquez vers le sol puis remontez en vrille. Tout est possible. Faites tout ce qui vous amuse. Vous êtes ici chez vous, personne ne viendra vous embêter. Si des monstres apparaissent, offrez-vous un bazooka et faites-les exploser. Si une aventure galante se profile, ne la laissez pas échapper, profitez-en vraiment. Ici, il n'y a pas de MST ni de pudeur.

L'onironautique demande un apprentissage progressif. Les heures de "vol" donnent de l'assurance et de l'expérience. En général, chez les enfants, il faut cinq semaines avant de pouvoir se forcer à rêver ce qu'on veut, chez les adultes cela peut prendre plusieurs mois.

Cette image est inspirée d'une photo d'un vrai roi des rats : leur mystère n'a jamais vraiment été élucidé

Roi des rats :

Le roi des rats n'est pas un chef de bande de rats, ce nom a simplement été donné à un phénomène mystérieux dont on n'a jamais compris la signification. Plusieurs rats se retrouvent rattachés par la queue en un nœud inextricable qui les empêche de se mouvoir et donc de chercher de la nourriture. Dans un roi des rats, le nombre de rats ainsi soudés par la queue varie entre douze et trente-deux. Selon toute vraisemblance, il s'agit de jeunes rats qui, se retrouvant coincés dans un réduit étroit, "par hasard" mêlent leurs queues. Or dans leur âge tendre, les bébés rats ont la queue enduite d'une sorte de colle. D'autres hypothèses ont été émises : certains scientifiques ont pensé que des groupes de mères contraindraient leurs enfants à se nouer la queue pour que ceux-ci meurent de faim. Mais ce serait illogique car de récentes observations ont démontré que les "rois des rats", ne pouvant se déplacer, sont nourris par les autres membres de la communauté. Quel intérêt la société ratière aurait-elle à faire survivre cette masse invalide ? On l'ignore. Voilà pourquoi toute une mythologie s'est créée autour de ce phénomène.

En 1770, des chercheurs allemands ont noté l'emplacement des découvertes de rois des rats pour tracer des sortes d'axes magiques.

En Allemagne, on a compté plus de 80 "rois des rats" au 18ème siècle, période où les populations étaient fascinées par le phénomène.

En France, on en a répertorié neuf depuis le début du siècle.

L'un d'eux est encore visible au musée de Zoologie de Strasbourg.

S

Sestode :
La sestode est un **parasite unicellulaire** qui vit à l'état adulte dans l'intestin du pic vert. Les sestodes sont éjectées avec les crottes de l'oiseau. Ce dernier doit en avoir conscience car il se débrouille souvent pour bombarder les villes fourmis de ses excréments.

Lorsque les fourmis veulent nettoyer leur cité de ces traces blanches, elles sont contaminées par les sestodes. Ce parasite perturbe leur croissance, il modifie la couleur de la pigmentation de la carapace pour la rendre plus claire. La fourmi infectée devient indolente, ses réflexes sont beaucoup moins rapides et, de fait, dès qu'un pic vert attaque les cités, ces fourmis infectées par ses excréments sont ses premières victimes.

Parce que ces fourmis albinos sont plus lentes, mais aussi parce que leur chitine claire les rend plus faciles à repérer dans les sombres couloirs de la ville.

Shia tsu :
Un point de Shia tsu chinois très pratique est celui qui permet de lutter contre la constipation. Il faut presser avec le pouce et l'index de sa main droite la chair entre le pouce et l'index de l'autre main. Si l'on est constipé, on sent une boule douloureuse. Il suffit de la pincer et de la masser.

Surprise :
Le contact entre deux civilisations est toujours un instant délicat. Parmi les grandes remises en question qu'ont connues les êtres humains, on peut noter le cas des Noirs africains enlevés comme esclaves au 18ème siècle.

La plupart des populations servant d'esclaves vivaient à l'intérieur des terres dans les plaines et les forêts. Ces gens n'avaient jamais vu la mer. Soudain, un roi voisin leur déclarait la guerre sans la moindre raison apparente.

Au lieu de chercher le massacre, il s'emparait d'un maximum de captifs, les enchaînait et les faisait marcher en direction de la côte.

Au bout du périple, les prisonniers découvraient deux phénomènes incompréhensibles : 1) la mer et son immensité. 2) les Européens et leur peau blanche. Or la mer, même s'ils ne l'avaient jamais vue, leur était connue par l'entremise des contes évoquant le pays des morts. Quant aux Blancs, ils étaient pour eux comme des extra-terrestres, ils avaient une odeur bizarre, leur peau était d'une couleur bizarre, ils s'habillaient avec des vêtements bizarres.

Beaucoup mouraient de peur, d'autres, affolés, sautaient des bateaux pour être dévorés par les requins. Les survivants allaient, eux, de surprise en surprise. Ils voyaient quoi ? Par exemple des Blancs

LE LIVRE SECRET DES FOURMIS

boire du vin. Et ils étaient sûrs que c'était du sang, le sang des leurs.

Sens du jeu :
Dans les années 1970, un vétérinaire français résolut un problème animal qui peut sûrement s'appliquer aux humains.

Un propriétaire avait acheté quatre fringants étalons gris superbes qui se ressemblaient tous. Mais ces quatre chevaux se supportaient très mal. Ils ne cessaient de se battre dès qu'on les laissait côte à côte. Il était impossible de les atteler car dès qu'on les mettait ensemble, ils partaient dans des directions différentes.

Le vétérinaire eut alors l'idée d'aligner leurs quatre box les uns à côté des autres et il installa sur les parois mitoyennes et percées de "fenêtres" des jeux afin que les chevaux puissent jouer entre eux. Des roulettes à faire tourner avec le bout du museau, des balles qu'il fallait taper avec le sabot pour les faire passer d'un box à l'autre, des formes géométriques colorées suspendues à des ficelles.

Il intervertit régulièrement les chevaux de place pour qu'ils se connaissent tous et jouent tous les uns avec les autres. Au bout d'un mois, les quatre chevaux étaient devenus inséparables. Ils acceptaient non seulement d'être attelés ensemble, mais semblaient trouver un aspect ludique à leur travail. Cette expérience prouve si besoin était que la guerre et les rapports d'agression ne sont qu'une forme primaire de jeu. On peut facilement dépasser cette étape en imaginant d'autres jeux.

Finalement le plus souvent les individus se battent parce que c'est le jeu dont la règle est la plus simple.

Singapour :

VILLE ORDINATEUR : Singapour est un pays neuf, avec une population restreinte : trois millions d'habitants pour la plupart chinois. Profitant de cette situation exceptionnelle, Lee Kwan Yew, ingénieur et Premier ministre, a tenté de fonder le premier état ordinateur.

Comme il le dit lui-même : "Les citoyens singapouriens sont les puces électroniques d'un ordinateur géant : la République de Singapour." Lee Kwan Yew est un pragmatique. Il a commencé par assurer la sécurité de son petit Disneyland contre ses grands voisins envieux et agressifs : Malaisie (16 millions d'habitants) et Indonésie (170 millions d'habitants)

Encyclopédie du Savoir Relatif et Absolu

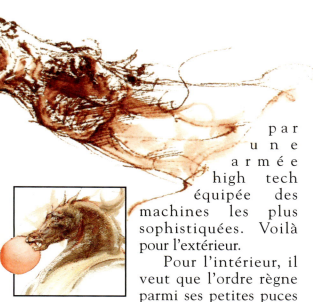

par une armée high tech équipée des machines les plus sophistiquées. Voilà pour l'extérieur.

Pour l'intérieur, il veut que l'ordre règne parmi ses petites puces électroniques. Il range d'un côté la ville touristique, de l'autre la ville économique, et crée ensuite la ville-dortoir. Les trois sont rigoureusement séparées par une frontière constituée de cinq kilomètres de pelouse nickel. Il édicte des lois strictes : interdiction de cracher par terre (1500 F d'amende), de fumer en public (1500 F d'amende), de jeter un papier gras (1500 F d'amende), d'arroser ses pots de fleurs en laissant de l'eau stagner (cela attire les moustiques : 1500 F d'amende), de se garer dans le centre-ville.

L'Etat embaume le savon. Si un chien aboie la nuit, on lui coupe les cordes vocales. Les hommes doivent toujours porter des pantalons même s'il fait chaud. Les femmes doivent toujours porter des bas même en pleine canicule. Toutes les voitures sont équipées d'une sirène interne qui vous assourdit dès que vous dépassez 80km/h. A partir de six heures, il est interdit de rouler seul dans son automobile, il faut transporter ses collègues de travail ou des auto-stoppeurs afin d'éviter les encombrements et la pollution (sinon 1500 F d'amende). Pour mieux connaître les trajets de ses concitoyens, la police a de toute façon obligé tous les Singapouriens à placer un émetteur sous leur voiture.

Il est ainsi possible de suivre les déplacements de tous les habitants sur un grand tableau lumineux. Dès qu'on pénètre dans un immeuble, il faut donner son nom au gardien qui se tient en permanence devant la porte. La ville entière est truffée de caméras video.

Singapour est une démocratie, mais pour que les gens ne votent pas n'importe quoi, on note leur numéro de carte d'électeur sur leur bulletin de vote. Le vol, le viol, la drogue, la corruption sont passibles de la peine de mort par pendaison. La condamnation au fouet existe toujours. Lee Kwan Yew se considère comme un père pour tous ses administrés. Il emprunte des idées à la fois au communisme et au capitalisme pour ne penser qu'à l'efficacité. L'Etat encourage l'enrichissement personnel (les Singapouriens jouissent du deuxième niveau de vie d'Asie, juste après le Japon, et boursicotent à tout-va) mais les logements sont offerts aux étudiants.

Tous les cultes sont autorisés, mais la presse est filtrée : pas de journaux parlant de sexe ou de politique. En 1982, Lee Kwan Yew s'aperçoit que, vieux réflexe machiste pas spécifiquement chinois, les hommes intelligents se marient avec des femmes jolies mais bêtes alors que les femmes intelligentes ont du mal à trouver des maris. Il décide dès lors de donner une prime à quiconque épousera une femme diplômée et une amende aux non-diplômées qui dépasseront l'enfant unique. Quant aux analphabètes, ils sont vivement encouragés à se faire stériliser en échange d'une forte somme d'argent. Lee Kwan Yew fait construire des écoles pour surdoués et organise des croisière gratuites pour les gens de niveau d'études très élevé.

Il constate qu'on ne peut bien éduquer que deux enfants à la fois. Le soir, la police téléphone aux familles ayant déjà deux enfants pour leur rappeler de ne pas oublier de prendre la pilule ou d'utiliser des préservatifs.

Lee Kwan Yew est parvenu à transformer son état expérimental en "Suisse de l'Asie". Pourtant sa police a une limite. Le jeu. "On peut tout faire accepter à un Chinois, sauf de s'arrêter de jouer mah-jong", admet-il dans une de ses allocutions...

LE LIVRE SECRET DES FOURMIS

Six :
Six est le nombre de la création. Dieu créa le monde en six jours et se reposa le septième. Selon Clément d'Alexandrie, l'univers fut créé dans six directions différentes : les quatre points cardinaux, le zénith et le nadir. En Inde, l'étoile à six branches, baptisée Yantra, signifie l'acte d'amour : le mélange du yoni et du linga. Pour les Hébreux, l'étoile de David, aussi nommée sceau de Salomon, est la somme de tous les éléments de l'univers. Le triangle dont la pointe est dirigée vers le haut représente le feu. Lorsque son sommet est barré par une ligne, il représente l'air. Celui dont la pointe est dirigée vers le bas représente l'eau. Lorsque sa pointe est barrée par une ligne, il représente la terre.

En alchimie, on considère que chacune des pointes de l'étoile à six branches correspond à un métal et à une planète. La pointe supérieure, c'est Lune-Argent, puis en tournant vers la droite, on découvre Vénus-Cuivre, Mercure-Mercure, Saturne-Plomb, Jupiter-Etain, Mars-Fer. La combinaison adroite des six éléments et des six planètes produit en son centre le Soleil-Or.

En peinture, l'étoile à six branches sert à montrer toutes les manières dont il est possible de combiner les couleurs. Le mélange de toutes les teintes produit une lumière blanche dans l'hexagone central.

Sociabilité :
Chez les fourmis comme chez les hommes, la sociabilité est obligatoire dès la naissance. Le nouveau-né fourmi est trop faible pour briser seul le cocon qui l'emprisonne. Le bébé humain n'est pas même capable de marcher ou de se nourrir seul.

Les fourmis et les hommes sont deux espèces formées à être assistées par leur entourage et ne savent ou ne peuvent apprendre seuls.

Cette dépendance par rapport aux adultes est certes une faiblesse, mais elle déclenche un autre processus, celui de la quête du savoir. Si les adultes peuvent survivre alors que les jeunes en sont incapables, ces derniers sont dès lors contraints de réclamer leurs connaissances aux plus anciens.

Solidarité :
La solidarité naît de la douleur et non de la joie. On se sent beaucoup plus proche de quelqu'un qui a subi avec vous une épreuve pénible que de quelqu'un qui a partagé avec vous un moment heureux.

Le malheur est source de solidarité et d'union alors que le bonheur divise. Pourquoi le bonheur divise-t-il ? Parce que lors d'un triomphe commun, chacun ne se sent pas assez récompensé par rapport à son mérite individuel.

Chacun a l'impression d'être la seule source réelle de la réussite.

Le meilleur moyen de fâcher des amis est de leur donner une victoire commune. Combien de familles se sont divisées au moment de l'héritage ? Combien de groupes de rock'n roll ont pu rester soudés malgré leur succès ? Combien de mouvements politiques ont éclaté dès qu'ils ont pris le pouvoir ?

On conserve plus facilement ses amis en évoquant ses déceptions et ses défaites qu'en parlant de ses succès.

Le mot sympathie signifie d'ailleurs étymologiquement en grec (*soun pathein*) souffrir avec. De même, compassion vient du latin *cum patior* qui signifie encore souffrir avec.

La plupart des religions ont compris cela. Elles mettent un point d'honneur à cultiver la mémoire de leurs martyrs.

Chacun doit revivre en imagination le calvaire du ou des précurseurs. Et c'est dans le souvenir de ce calvaire que réside la cohésion du groupe.

Sommeil paradoxal :

Tous les soirs, durant notre sommeil, nous connaissons une phase un peu particulière : "le sommeil paradoxal". Cette phase dure de 15 à 20 minutes, puis elle s'arrête et reprend une heure plus tard. C'est le professeur Michel Jouvet, du laboratoire d'onirologie moléculaire (Lyon), qui a donné ce nom à cet événement. Pourquoi paradoxal ? Parce qu'il est paradoxal d'être dans son sommeil le plus profond et d'avoir néanmoins une activité nerveuse intense. On pense que les nuits des bébés sont très agitées car elles sont essentiellement formées de sommeil paradoxal (dans une proportion d'un tiers de sommeil normal, un tiers de sommeil léger, un tiers de sommeil paradoxal). Durant cette phase de sommeil très agité, on remarque même que les bébés ont souvent des expressions étranges, comme des expressions de personnes beaucoup plus âgées. Ils miment successivement les grimaces de la colère, la joie, la tristesse, la peur, la surprise, même s'ils n'ont jamais vécu de telles émotions.

Chez les adultes, c'est plus discret et plus intense. "On dirait que chaque nuit, nous avons un message à recevoir, explique le professeur Pierre Salzurelo de l'INSERM. Nous avons fait une expérience : nous réveillons un adulte en plein milieu de son sommeil paradoxal et nous lui demandons de nous raconter ce qu'il vivait dans son rêve. Nous l'avons ainsi réveillé cinq fois. Chaque fois l'histoire était différente... mais il y avait un noyau commun. Comme si le rêve dérangé s'y reprenait d'une manière différente pour faire passer le même message."

Depuis peu, les chercheurs ont émis une autre idée. Le rêve serait un moyen d'oublier les pressions sociales. En rêvant, nous désapprenons ce qu'on nous a forcés à apprendre et qui heurte nos convictions profondes. On se déconditionne de toutes les influences extérieures. Tant que les gens rêvent, ils ne peuvent être complètement manipulés par qui que ce soit.

Le sommeil paradoxal est un continent entier inexploré. Il a encore beaucoup d'informations à nous livrer sur nous-mêmes.

Sélection d'un choix :

L'une des manières d'induire un choix est de proposer trois éléments inacceptables plus l'élément qu'on veut faire accepter. Il suffit ensuite de se livrer à des concessions sur les éléments inacceptables et ce qu'on souhaitait voir approuver va alors de soi. On pourrait rapprocher cette technique de celle de la gastronomie. Le goût de l'aliment nous semble d'autant plus appréciable que nous aimons ou n'aimons pas ce qui l'entoure

Source de peur :

Voici le hit parade des peurs humaines (d'après sondage sur 1000 personnes effectué en France en 1990)

1 - le serpent
2 - le vertige
3 - les araignées
4 - les rats
5 - les guêpes
6 - les parkings souterrains
7 - le feu
8 - le sang
9 - l'obscurité
10 - la foule

Stratégie indienne :

Les Amérindiens fabriquent un piège à ours très simple : il s'agit une grosse pierre accrochée par une ficelle juste au-dessus d'un morceau de bois enduit de miel. Lorsqu'un ours repère sa gourmandise, il s'avance et bouscule la pierre pour attraper le miel. Mais chaque fois que la pierre, située à hauteur de tête d'ours, est touchée, par un mouvement de balancier elle revient le frapper. L'ours s'énerve à force de recevoir des coups de pierre sans parvenir à manger le miel. Alors il tape de plus en plus fort sur la pierre comme si elle était un adversaire qui le narguerait. Et plus il tape fort, plus la pierre le frappe fort. L'animal n'établit jamais

Encyclopédie du Savoir Relatif et Absolu

le rapport : c'est un objet inerte, donc dénué de violence. L'ours considère qu'il reçoit un coup et il frappe pour se venger. Normalement ce jeu de coups et de contre-coups ne s'arrête qu'au KO de l'animal. A force de lancer la pierre et de la recevoir, il finit par se blesser et tomber. Jamais l'ours ne se dit : "Et si j'arrêtais ce cycle de violence ?" Pourtant s'il cessait de frapper, la pierre s'immobiliserait et il remarquerait peut-être, le calme rétabli, qu'elle est tout bonnement accrochée à une ficelle. Il lui suffirait donc de couper tranquillement la ficelle avec ses crocs pour faire tomber la pierre et lécher le miel.

Système probabiliste :

Une méthode infaillible pour gagner aux dés. Défiez votre adversaire au lancer de deux dés. Et pariez que vous obtiendrez une somme de 7 points.

Ce chiffre est en effet celui qui a le plus de probabilités d'apparaître. Précisions : pour les nombres additionnels 2 et 12, il n'y a qu'une formule : 1+1 et 6+6. Pour les nombres 3 ou 11, il existe deux combinaisons possibles, pour les nombres 4 ou 10, il y a trois combinaisons, quatre combinaisons pour 5 ou 9, cinq combinaisons pour 6 ou 8 et six combinaisons pour que le total soit de 7 points. Donc il y a six fois plus de chances de tomber sur 7 points que sur 2.

LE LIVRE SECRET DES FOURMIS

Spécialiste :
Dans les grandes cités fourmis modernes, la répartition des tâches, répétée sur des millions d'années, a généré des mutations génétiques.

Ainsi, certaines fourmis naissent avec d'énormes mandibules-cisailles pour être soldats, d'autres possèdent des mandibules broyantes pour produire de la farine de céréales, d'autres sont équipées de glandes salivaires surdéveloppées pour mieux mouiller et désinfecter les jeunes larves.

Un peu comme si chez nous les soldats naissaient avec des doigts en forme de couteau, les paysans avec des pieds en pince pour grimper cueillir les fruits aux arbres, les nourrices avec une dizaine de paires de tétons.

Certaines adaptations sont proprement extraordinaires :

- Pour boucher certaines issues stratégiquement importantes, les fourmis utilisent des individus à tête plate. Les fourmis-concierges. L'ouvrière doit tapoter d'une certaine manière la tête plate. Si elle se trompe dans le " digicode ", la porte vivante lui saute dessus et la mange.

- Pour stocker du miellat, les fourmis des régions chaudes suspendent des ouvrières la tête en bas et les gonflent de nourriture jusqu'à ce que leur abdomen soit vingt fois plus gros que le reste de leur corps. Ces fourmis-citernes restent toute leur vie accrochées la tête en bas. Il suffit qu'une ouvrière vienne les caresser pour qu'elles libèrent quelques gouttes de leur nectar.

Mais de toutes les mutations "professionnelles", la plus spectaculaire est celle de l'amour.

En effet, pour que la masse des besogneuses ouvrières ne soit distraite par des pulsions érotiques, elles

Jonction de l'antenne avec le crâne de la fourmi. C'est son point le plus vulnérable. Toutes les jonctions de carapaces sont hermétiques et solides.

naissent asexuées.
Toutes les énergies reproductrices sont concentrées sur des spécialistes : les mâles et les femelles, princes et princesses de cette civilisation parallèle.

Ceux-ci sont nés et sont équipés uniquement pour l'amour. Ils bénéficient de multiples gadgets censés les aider dans leur copulation.

Cela va des ailes aux ocelles infrarouges qui leur permettent de voir dans le noir en passant par les antennes émettrices-réceptrices d'émotions abstraites.

Les fourmis concierges naissent avec la tête plate. Elles bouchent hermétiquement certains passages protégés de la cité juste en reculant.

LE LIVRE SECRET DES FOURMIS

Cette fourmi-citerne se gave de miellat jusqu'à ce que son abdomen soit étiré à l'extrême. Ainsi elle sert de source.

Sphère :
Dans l'infiniment petit comme dans l'infiniment grand, on tombe sur des sphères. Sphère des planètes, sphères des atomes, sphères des particules, sphères des quarks.

Ces sphères sont régies par quatre forces fondamentales :

1- La gravité. Qui nous plaque au sol, fait tourner la terre autour du soleil et la lune autour de la Terre.

2- L'électromagnétisme. Qui fait tourner les électrons autour des noyaux d'atome.

3- L'interaction forte. Qui lie les particules constituant ce noyau.

4- L'interaction faible. Qui lie les quarks constituant cette particule

L'infiniment petit et l'infiniment grand ne sont que des sphères liées par ces forces fondamentales. Il est probable que ces quatre forces n'en font d'ailleurs qu'une. Jusqu'à sa mort, Einstein voulait trouver la loi de "La grande Unification" des forces.

Squelette :
Vaut-il mieux avoir le squelette à l'intérieur ou à l'extérieur du corps ?

Lorsque le squelette est à l'extérieur, il forme une carrosserie protectrice. La chair est à l'abri des dangers extérieurs, mais elle devient flasque et presque liquide. Et lorsqu'une pointe arrive à passer malgré tout la carapace, les dégâts sont irrémédiables.

Lorsque le squelette ne forme qu'une barre mince et rigide à l'intérieur de la

Encyclopédie du Savoir Relatif et Absolu

masse, la chair palpitante est exposée, elle reçoit toutes les agressions. Les blessures sont multiples et permanentes. Mais justement, cette faiblesse apparente force le muscle à durcir et la fibre à résister. La chair évolue.

J'ai vu des humains ayant forgé, grâce à leur esprit, des carapaces "intellectuelles" les protégeant des contrariétés. Ils semblaient plus solides que la moyenne. Ils disaient "je m'en fous" et riaient de tout. Mais lorsqu'une contrariété arrivait à passer leur carapace, les dégâts étaient terribles.

J'ai vu des humains souffrir de la moindre contrariété, du moindre effleurement, mais leur esprit ne se fermait pas pour autant, ils restaient sensibles à tout et tiraient les leçons de chaque agression.

Stratégie :

Toute stratégie est prévisible. Il existe un moyen d'être imprévisible, c'est d'introduire dans l'un des processus tactiques un mécanisme aléatoire. Les décisions étant par moments chaotiques, l'adversaire ne peut les interpréter ni découvrir la logique qui les sous-tend, il lui manquera toujours un élément de compréhension.

Symbiose :

Le Cornigera (Acacia cornigera) est un arbuste qui ne pourra devenir arbre adulte que s'il est habité par des fourmis.

En effet, il a besoin que des fourmis le soignent et le protègent. Pour attirer les fourmis, cet arbre s'est au fil des ans constitué en fourmilière !

Toutes ses branches sont creuses et à l'intérieur des branches, un réseau de couloirs et de salles est prévu uniquement pour l'agrément des fourmis. Mieux : dans les couloirs vivent le plus souvent des pucerons blancs dont le miellat fait le délice des ouvrières et des soldates myrmécéennes. Notre cornigera fournit donc le logis et le couvert aux fourmis qui voudront bien lui faire l'honneur de le hanter.

En échange, les fourmis remplissent des devoirs d'hôtes. Elles évacuent toutes les chenilles, pucerons extérieurs, limaces, araignées et autres xylophages qui pourraient traîner dans ses ramures. En outre, tous les matins, elles coupent à la mandibule les lierres et autres plantes grimpantes qui tentent de vampiriser l'arbre. Les fourmis coupent les feuilles mortes, grattent les lichens, utilisent leur salive désinfectante pour soigner l'arbre des maladies qui peuvent l'atteindre. Les pucerons blancs consomment très peu de sève, suffisamment pour nourrir les fourmis, mais pas assez pour nuire à l'arbre.

Si bien que tous vivent en autarcie dans le meilleur des mondes.

On rencontre rarement une collaboration aussi réussie entre un représentant du monde végétal et un représentant du monde animal. Grâce aux fourmis, l'acacia cornigera arrive le plus souvent à s'élever au-dessus de la masse des autres arbres qui lui font ombrage, il domine les cimes et peut donc capter directement les rayons du soleil.

Le cornigera constitue une véritable énigme. Comment un végétal pratiquement immobile a-t-il pu se pencher à tête reposée sur ce problème : comment se protéger des insectes et trouver une solution dans le monde des "très mobiles" ?

Les animaux et les végétaux collaborent parfois de manière très étroite.

Temple de Salomon :

Le temple de Salomon à Jérusalem était un modèle de formes géométriques parfaites. Il était composé de quatre plates-formes ceintes chacunes d'un mur de pierre. Celles-ci représentant les quatre mondes qui composent l'existence :
- Le monde matériel : corps physique
- Le monde émotionnel : l'âme
- Le monde spirituel : l'intelligence
- Le monde mystique : la part de divinité qu'il y a en nous.

Au sein du monde divin, on trouvait trois portiques censés représenter :
- La Création
- La Formation
- L'Action.

La forme générale était un grand rectangle de 100 coudées de longeur sur 50 coudées de largeur et 30 coudées de hauteur. Le temple, situé au centre, mesurait 30 coudées de longueur sur 10 coudées de largeur. Au fond du temple, on trouvait le cube parfait du Saint des Saints dont chaque côté mesurait 20 coudées.

Dans le Saint des Saints était disposé l'Autel en bois d'acacia. Il était parfaitement cubique et mesurait 5 coudées de hauteur et autant de largeur. Déposés sur sa surface, les 12 pains représentent les mois de l'année. Au-dessus de lui : le chandelier à sept branches représentant les sept planètes.

Selon les textes anciens, et notamment ceux de Philon d'Alexandrie, "le sanctuaire est une figure géométrique calculée pour former un champ de forces. Au départ, le nombre d'or est la mesure de la dynamique sacrée. Le tabernacle est censé condenser l'énergie cosmique. Le temple est conçu comme un lieu de passage entre deux mondes : du visible à l'invisible."

Temps :

La perception de l'écoulement du temps est très différente chez les humains et chez les fourmis. Pour les humains, le temps est absolu. Quoi qu'il arrive, les secondes seront de taille et de périodicité égales.

On ne connaîtra jamais exactement les plans de fabrication du Temple de Salomon. C'est un Graal pour de nombreux groupes philosophiques.

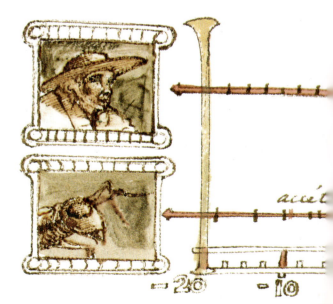

Chez les fourmis, en revanche, le temps est relatif. Quand il fait chaud, les secondes sont très courtes. Quand il fait froid, elles s'étirent et s'allongent à l'infini, jusqu'à la perte de conscience hibernale.

Ce temps élastique leur donne une perception de la vitesse très différente de la nôtre. Pour définir un mouvement, les insectes n'utilisent pas seulement l'espace et la durée, elles ajoutent une troisième dimension : la température.

Temps des comploteurs :

Le système d'organisation le plus répandu parmi les humains est le suivant : une hiérarchie complexe d'"administratifs", hommes et femmes de pouvoir, "encadre" ou plutôt gère un groupe plus restreint de "créatifs". Les travaux des créatifs sont ensuite distribués par les "commerciaux". Administratifs, créatifs, commerciaux. Telles sont les trois castes qui correspondent de nos jours aux ouvrières, sexués et soldates des fourmis.

La lutte entre Staline et Trotsky, deux chefs russes du début du XXème siècle, illustre le passage d'un système avantageant les créatifs à un système privilégiant les administratifs.

Trostky, le mathématicien, l'inventeur de l'Armée rouge, a en effet été évincé par Staline, l'homme des complots.

Dès ce moment, on peut dire que les administratifs comploteurs ont marqué une manche décisive sur les créatifs inventeurs.

On progresse mieux et plus vite dans les strates de la société moderne si l'on sait séduire, réunir des tueurs, désinformer, que si l'on est capable de produire des concepts ou des objets nouveaux.

Tente de sudation :

Chez les Iroquois, chez les Hurons ainsi que dans beaucoup de tribus d'Amérique du nord, on utilisait la tente de sudation pour savoir quelle décision prendre. C'était une petite hutte de 1 mètre de haut, de forme hémisphérique, en peau de bête. Au centre, on trouvait un feu avec quatre pierres censées représenter les quatre vents. La porte était à l'est. Les Amérindiens restaient trois heures dans cette petite maisons à deux ou trois. En général, avec la chaleur et la fumée, ils avaient des hallucinations. Selon le chamane, c'était leur esprit qui sortait du corps, laissant la place pour que le Grand Manitou puisse entrer et donner des conseils.

Les jésuites canadiens mirent fin à cette pratique car ils voyaient d'un mauvais œil que des gens nus, le plus souvent non mariés ensemble, mélangés hommes et femmes, restent plusieurs heures dans un endroit aussi exigu. Mais plus que les jésuites, ce fut l'alcool qui mit fin à la pratique des tentes de sudation.

Les termites sont les concurrents les plus performants des fourmis...

Termite :

Les termites sont les seuls insectes sociaux, et sûrement les seuls animaux à avoir érigé la "société parfaite". C'est une monarchie absolue où tout le monde est heureux de servir la reine, où tout le monde se comprend, où tout le monde s'entraide, où personne n'a la moindre ambition ni le moindre souci égoïste.

C'est sûrement dans la société termite que le mot "solidarité" prend son sens le plus fort. Peut-être parce que le termite a été le premier animal à construire des villes, il y a de cela plus de 200 millions d'années.

Mais sa réussite porte en soi sa propre

condamnation. Ce qui est parfait, par définition, ne peut pas être amélioré. La ville termite ne connaît aucune remise en cause, aucune révolution, aucun trouble interne. C'est un organisme pur et sain fonctionnant si bien qu'il ne fait que dormir dans son bonheur au milieu de couloirs ouvragés bâtis avec un ciment hypersolide.

La fourmi, par contre, vit dans un système social beaucoup plus anarchique. Elle apprend par l'erreur et commence toujours par faire des erreurs. Elle ne se satisfait jamais de ce qu'elle a, goûte à tout au péril de sa vie. La fourmilière n'est pas un système stable, c'est une société qui tâtonne en permanence, testant toutes les solutions, même les plus aberrantes, au risque même de sa propre destruction. C'est pour cela que les fourmis m'intéressent plus que les termites.

...mais pour l'instant les fourmis sont plus malignes et gagnent sur tous les champs de bataille.

Thélème :

En 1532, François Rabelais proposait sa propre vision de la cité utopique idéale. C'est l'abbaye de Thélème décrite dans "Gargantua". Pas de gouvernement, car Rabelais pense : "Comment pourrait-on gouverner autrui alors qu'on ne sait pas soi-même se gouverner ?" Et comme il n'y a pas de gouvernement, les Thélémites agissent "selon leur bon vouloir". L'efficacité de l'abbaye de Thélème provient de la sélection de ses habitants. N'y sont acceptés que des hommes et des femmes bien nés, libres d'esprit, instruits, vertueux, beaux et "bien naturés". On y entre à 10 ans pour les femmes et 12 ans pour les hommes.

Dans la journée, chacun fait ce qu'il veut, travaille si cela lui chante et sinon se repose, boit, s'amuse, fait l'amour. Il n'y a pas d'horloge, ce qui évite toute notion de temps qui passe. On se réveille quand on veut, on mange quand on veut. L'agitation, la violence, les querelles sont bannies. Des domestiques et des artisans, installés à l'extérieur de la cité, sont chargés des travaux pénibles.

L'abbaye est construite près de la Loire, dans la forêt de Port-Huault. Elle comprend 9 332 chambres. Pas d'enceintes car "les

LE LIVRE SECRET DES FOURMIS

Ne sachant plus retrouver leur nid, ces fourmis se sont mises en circuit fermé. Elles mourront toutes.

murailles entretiennent les conspirations". Le tout constitue un château, avec six tours rondes de 60 pas de diamètre. Chaque bâtiment est haut de six étages. Un tout-à-l'égout débouche dans le fleuve. Beaucoup de bibliothèques, une fontaine au centre et un parc enrichi d'un labyrinthe.

Rabelais n'est pas dupe. Il prévoit que sa cité idéale sera forcément détruite un jour pour des broutilles, par la démagogie, les doctrines absurdes et la discorde.

Timidité :

Toutes les fourmis ne sont pas curieuses, courageuses, téméraires. Certaines espèces réputées pour leur agressivité, comme les Dorylines, dont les raids de chasses sont meurtriers, s'avèrent parfois empêtrées face à un problème minime. C'est ainsi qu'on a vu des groupes de plusieurs milliers de soldats dorylines qui, coupées du reste de leur meute par une pluie, se regroupaient en spirale. Dans cette formation bizarre, elles tournaient sans fin dans un sens centrifuge, tournaient ainsi dans cette galaxie noire jusqu'à l'épuisement et la mort par inanition. Les f o u r m i s tournant à la périphérie mouraient les premières. En général, ce tourbillon stupide dure une journée et demie et il ne reste plus ensuite qu'un tapis de cadavres disposés dans le sens d'une toupie mystérieuse.

Totalitarisme :

Les fourmis intéressent les hommes, car ils pensent qu'elles sont parvenues à créer un système totalitaire réussi. Il est vrai que de l'extérieur, on a l'impression que dans la fourmilière, tout le monde travaille, tout le monde obéit, tout le monde est prêt à se sacrifier, tout le monde semble pareil. Et pour l'instant, les systèmes totalitaires humains ont tous échoué. Les Egyptiens, les Grecs, les Romains, les Babyloniens, les Carthaginois, les Perses, les Chinois, les Français, les Anglais, les Russes, les Allemands, les Japonais, les Américains, ont tous connu des périodes de splendeur où il semblait que leur manière de vivre pouvait se transformer en référence mondiale, mais heureusement, un petit grain de sable est toujours venu mettre à bas leur édifice uniformisé.

Alors on pense à copier l'insecte social (l'emblème de Napoléon n'était-il pas l'abeille ?). Les phéromones qui inondent la fourmilière d'une information globale, c'est aujourd'hui la télévision planétaire qui nous transmet à tous les mêmes images, les mêmes pensées, les mêmes musiques. L'homme croit qu'en offrant à tous ce qu'il estime le meilleur, il débouchera sur une humanité parfaite.

Ce n'est pas le sens des choses.

La nature, n'en déplaise à Mr Darwin, n'évolue pas vers la sélection des meilleurs. (Selon quels critères, d'ailleurs ?)

La Nature puise sa force dans la diversité. Il faut des bons, des méchants, des fous, des désespérés, des sportifs, des grabataires, des bossus, des siamois, des becs-de-lièvre, des gais, des tristes, des intelligents, des imbéciles, des égoïstes, des généreux, des petits, des grands, des Noirs, des Jaunes, des Rouges, des Blancs, il en faut de toutes les religions, de toutes les philosophies, de tous les fanatismes, de toutes les sagesses... Le seul danger est qu'une de ces espèces soit éliminée par une autre.

On a constaté que les champs de maïs artificiellement conçus par les hommes et composés des frères jumeaux du meilleur épi (celui qui a besoin du moins d'eau, celui qui résiste le mieux au gel, celui qui donne les plus beaux grains) mouraient tous d'un coup à la moindre maladie alors que les champs de maïs sauvage composé de plusieurs souches différentes, ayant chacune leurs spécificités, leurs faiblesses, leurs anomalies, arrivent toujours à trouver une parade aux épidémies.

La Nature hait l'uniformité et aime la diversité. C'est là peut-être que se reconnaît son génie.

Triangle quelconque :

Il est parfois plus difficile d'être anodin qu'extraordinaire. Le cas est net pour les triangles. La plupart des triangles sont isocèles (2 côtés de même longueur), rectangles (avec un angle droit), équilatéraux (3 côtés de même longueur).

Il y a tellement de triangles définis qu'il devient très compliqué de dessiner un triangle qui ne soit pas particulier ou alors il faudrait dessiner un triangle avec les côtés "les plus inégaux possible". Mais ce n'est pas évident. Le triangle quelconque ne doit pas avoir d'angle droit, ni égal, ni dépassant 90°. Le chercheur Jacques Loubczanski est arrivé avec beaucoup de difficulté à mettre au point un vrai "triangle quelconque". Celui-ci a des caractéristiques très... précises. Pour confectionner un bon triangle quelconque, il faut associer la moitié d'un carré coupé par sa diagonale et la moitié d'un triangle équilatéral coupé par sa hauteur. En les mettant l'un à côté de l'autre, on doit obtenir un bon représentant de triangle quelconque.

Tricherie de Hans :

En 1904, une grande excitation gagna la communauté scientifique internationale, on pensait avoir enfin trouvé un "animal aussi intelligent qu'un homme". Cet animal était un cheval de huit ans éduqué par un savant autrichien, le professeur Von Osten. Au grand étonnement de ceux qui venait lui rendre visite, le cheval "Hans" semblait parfaitement comprendre les mathématiques modernes. Il donnait les bons résultats aux équations. Mais il savait aussi donner l'heure précise, reconnaître sur des photos des gens qu'on lui avait présentés quelques jours auparavant, résoudre des problèmes de logique.

Hans désignait les objets du bout du sabot, communiquait les chiffres en tapant sur le sol. Les lettres étaient frappées une à une pour former des mots allemands. Un coup pour le a, deux coups pour le b, trois pour le c, etc...

On soumit le cheval Hans à toutes sortes d'expériences et l'animal montrait partout ses dons. On l'étudia seul sans son maître afin d'être certain qu'il n'y avait pas un code de connivence entre eux et là encore les résultats furent positifs. Les zoologistes, puis les biologistes, les physiciens et pour finir les psychologues et les psychiatres du monde entier vinrent voir Hans. Ils arrivaient

La Nature est suffisamment vaste et diversifiée pour donner raison à toutes les hypothèses, même les plus loufoques.

LE LIVRE SECRET DES FOURMIS

sceptiques et repartaient déconcenancés. Ils ne comprenaient pas où était le truc et finissaient donc par admettre que cet animal était un "cas". Le 12 septembre 1904, un groupe de 13 experts diplômés publiait un rapport rejetant toute possibilité de supercherie. Cela fit grand bruit à l'époque et le monde scientifique commençait à s'habituer à l'idée que cet animal était vraiment aussi intelligent qu'un homme. Ce fut finalement Oskar Pfungst, l'un des assistants de Von Osten, qui trouva l'explication du phénomène. Il remarqua que le cheval Hans se trompait dans ses réponses à chaque fois que la solution du problème qui lui était soumis était inconnue des personnes présentes. Lorsqu'il se retrouvait seul devant des photos, des chiffres ou des phrases, il répondait n'importe quoi. De même, si on lui mettait des œillères qui l'empêchaient de voir l'assistance, il échouait systématiquement. La seule explication était donc que ce cheval Hans était un animal hyper-attentif qui, tout en tapant du sabot, percevait les changements d'attitude corporelle des humains de l'assistance. La récompense alimentaire était la motivation de cette attention forcée. Quand le pot aux roses fut découvert, la communauté scientifique regretta tellement de s'être fait aussi facilement berner qu'elle bascula dans un scepticisme systématique devant toutes les expériences ayant trait à l'intelligence animale. On étudie encore dans la plupart des universités le cas de Hans comme un exemple caricatural de tricherie. Pourtant, le pauvre Hans ne méritait ni tant de gloire ni tant d'opprobre. Après tout, ce cheval savait décoder toutes les attitudes humaines au point de se faire passer temporairement pour l'un des leurs. Mais peut-être que l'une des raisons d'en vouloir à Hans est plus profonde. Il est désagréable de se savoir transparent pour les animaux.

Tromperie tactile :

Croisez les doigts, l'index et le majeur par exemple. Posez une bille sur la table avec l'autre main. L'extrémité des doigts croisés sur la bille, imprimez à votre main de légers mouvements de rotation. Fermez les yeux. Vous aurez l'impression de toucher deux billes.

On peut faire la même expérience avec un œil de requin pêché de frais.

Trophallaxie :

Parfois, l'on me demande "mais qu'est-ce que l'homme a copié sur la fourmi ?" Eh bien, je réponds en premier le baiser sur la bouche, soi-disant inventé vers l'an 300 avant Jésus-Christ par les Romains. Il consiste en fait à mimer une trophallaxie.

La trophallaxie est l'acte de générosité absolu des fourmis. Les fourmis possèdent en effet un deuxième estomac : le jabot social, dans lequel la nourriture n'est pas digérée, mais stockée en prévision de la demande d'un mendiant.
Comment cela ?

Si une fourmi a faim, il suffira qu'elle aille voir une autre fourmi et lui demande une trophallaxie pour que celle-ci lui plaque sa bouche contre sa bouche et fasse remonter de la nourriture pour l'offrir à la mendiante.

La trophallaxie est l'acte de générosité par excellence. La fourmi fait ressortir la nourriture à moitié digérée de son jabot social pour nourrir une consœur et parfois même ses adversaires !

Univers :
L'univers va vers la complexité. De l'hydrogène à l'hélium, de l'hélium au carbone. Toujours plus complexe, toujours plus sophistiqué est le sens d'évolution des choses.

De toutes les planètes connues, la Terre est la plus complexe. Elle se trouve dans une zone où sa température peut varier. Elle est couverte d'océans et de montagnes.

Mais si son éventail de combinaisons chimiques est pratiquement inépuisable, il ressort deux pointes, deux formes de vie qui culminent par leur intelligence.

Les hommes et les fourmis.

On dirait que Dieu a utilisé la planète Terre pour faire une expérience. Il a lancé deux espèces dotées de deux philosophies complètement antinomiques sur la course de la conscience pour voir laquelle irait le plus vite.

Le but est probablement de parvenir à une conscience collective planétaire : la fusion de tous les cerveaux de l'espèce. C'est selon moi la prochaine étape de l'aventure de la conscience.

Cependant les deux espèces leaders ont adopté des voies de développement parallèles :
- Pour devenir intelligent, l'homme a gonflé son cerveau jusqu'à lui donner une taille monstrueuse. Une sorte de gros chou-fleur rosâtre.

Pour obtenir le même résultat, les fourmis ont préféré utiliser plusieurs milliers de petits cerveaux réunis par des systèmes de communication très subtils.

En valeur absolue, il y a autant de matière ou d'intelligence dans le tas de miettes de chou des fourmis que dans le "chou-fleur" humain. Le combat est à armes égales.

Mais que se passerait-il si les deux formes d'intelligence, au lieu de courir parallèlement, coopéraient ?...

Usure du cerveau :
Un neuropsychologue américain, le professeur Rosenzweig, de l'université de Berkeley, a voulu connaître l'action du milieu sur nos capacité cérébrales. Il a pour cela utilisé des hamsters issus de mêmes parents, sevrés le même jour, nourris de la même manière et les a disposés dans trois cages.

La première était vaste, remplie d'objets hétéroclites avec lesquels ils pouvaient jouer et faire du sport grâce à toutes sortes d'ustensiles : roues,

On dirait que la nature veut tenter l'expérience de la conscience. Voici les challengers.

LE LIVRE SECRET DES FOURMIS

grillages, échelles, balançoires. Les hamsters y étaient plus nombreux, se battaient pour accéder aux objets, jouaient.

La seconde était une cage moyenne, vide mais avec de la nourriture distribuée à volonté. Les hamsters y étaient moins nombreux et, n'ayant pas d'enjeux, pouvaient se reposer tranquillement.

La troisième était une cage étroite dans laquelle il n'y avait qu'un seul hamster. Il était nourri normalement, mais il ne pouvait qu'entr'apercevoir à travers une ouverture dans le grillage le spectacle des autres hamsters dans leurs cages.

Un peu comme s'il regardait la télévision.

Au bout d'un mois, on sortit les hamsters pour faire le point sur l'influence du milieu sur leur intelligence. Les hamsters de la première cage, pleine de jouets, étaient de loin plus rapides que les autres dans les tests de labyrinthe ou de reconnaissance d'image.

On a ouvert leur crâne. Le cortex des hamsters de la première cage était plus lourd de 6% par rapport à ceux de la deuxième et davantage encore par rapport à celui de la troisième cage. Au microscope, on pouvait s'apercevoir que ce n'était pas le nombre de leurs cellules nerveuses qui avait augmenté, mais plutôt la taille de chaque neurone qui s'était allongée, d'à peu près 13%. Leur réseau nerveux était plus complexe. En outre, ils dormaient mieux.

Peut-être que si le cinéma le plus populaire est souvent celui qui montre des héros confrontés à des situations de plus en plus complexes, dans des décors de plus en plus grandioses donc plus riches, ce n'est pas un hasard. Le rêve de l'homme est de se retrouver dans un univers enrichi rempli d'épreuves à surmonter. Le héros qui "agit" est un héros qui complexifie son cerveau. Les héros qui ne font que parler à table n'ont pas cette valeur exemplaire.

Il faut surtout bien en déduire que le cerveau ne s'use que si l'on ne s'en sert pas.

Chez les hommes comme chez les rats, une seule logique : le cerveau ne s'use que si l'on ne s'en sert pas.

Encyclopédie du Savoir Relatif et Absolu

Utopie :
Le mot Utopie a été inventé en 1516 par l'Anglais Thomas More. Du grec *U*, préfixe négatif et *topos*, endroit. Utopie signifie donc en grec "Qui ne se trouve en aucun endroit". Ce diplomate humaniste, chancelier du royaume d'Angleterre, décrivit une île merveilleuse qu'il nomma Utopia et où régnait une société sans impôt, sans misère, sans vol. Il pensait que la première qualité d'une société UTOPIQUE était d'être une société de LIBERTÉ.

Il décrit ainsi sa société idéale : 100 000 habitants vivant sur une île. Les citoyens sont regroupés par familles. 50 familles forment un groupe qui élit son chef, le syphogrante. Les syphograntes forment eux-mêmes un Conseil qui élit un prince sur une liste de quatre candidats. Le prince est élu à vie, mais on peut le démettre s'il devient tyran. Pour les guerres, l'île d'Utopia utilise des mercenaires : les Zapolètes. Ces soldats sont censés se faire massacrer avec leurs ennemis durant la bataille. Comme ça, l'outil se détruit dès usage.

Il n'y a pas de monnaie, chacun se sert au marché en fonction de ses besoins. Toutes les maisons sont pareilles. Il n'y a pas de serrure et tout le monde est obligé de déménager tout les dix ans pour ne pas s'encroûter. L'oisiveté est interdite. Pas de femmes au foyer, pas de prêtres, pas de nobles, pas de valets, pas de mendiants. Ce qui permet de réduire la journée de travail à 6 heures. Tout le monde doit accomplir un service agricole de deux ans.

En cas d'adultère ou de tentative d'évasion d'Utopia, le citoyen perd sa qualité d'homme libre et devient esclave. Il doit alors travailler beaucoup plus et obéir.

En 1535, Thomas More est si sûr de lui qu'il se permet de critiquer dans un monde trop réel le divorce du roi d'Angleterre Henry VIII. Le monarque le fit aussitôt emprisonner et décapiter.

Thomas More avait de bonnes idées, mais il était trop sûr de lui : il en perdit la tête.

Utopie des adamites :
Au milieu du 15ème siècle s'est produite en Bohême la révolte des Hussites qui réclamaient la réforme du clergé (et l'évacuation des seigneurs allemands). Ils étaient précurseurs du protestantisme.

Pami eux s'est détaché un groupe radical : les Adamites. Ces derniers remettaient en cause non seulement l'Eglise, mais aussi toute la société. Pour eux, la meilleure manière de se rapprocher de Dieu était de vivre dans les mêmes conditions qu'Adam.

Ils s'installèrent dans une île au milieu du fleuve Moldau, non loin de Prague. Là, ils vivaient nus, en communauté, en mettant tous leurs biens en commun et en essayant de retrouver la vie du paradis terrestre avant la Faute.

Toutes les structures sociales étaient bannies. Il n'y avait plus d'argent, plus de travail, plus de noblesse, plus d'administration, plus de soldats, plus de bourgeoisie, plus d'héritage.

Ils s'interdisaient de cultiver la terre et se nourrissaient de fruits et de légumes sauvages. Ils étaient végétariens et vivaient dans le culte direct de Dieu sans église et sans clergé.

Ils énervaient évidemment leurs voisins hussites qui n'appréciaient guère ce radicalisme. On pouvait certes simplifier le culte de Dieu mais pas à ce point. Ils encerclèrent les adamites dans leur île sur la Moldau et les massacrèrent jusqu'au dernier.

Utopie d'Auroville :

Parmi les expériences de communautés humaines utopiques l'une des plus intéressantes fut sans aucun doute celle d'Auroville (abréviation d'Aurore-ville), en Inde près de Pondichéry. Là, un philosophe bengali, Sri Aurobindo, et une philosophe française, Mira Alfassa ("Mère"), entreprirent de créer un village utopique et idéaliste inauguré en 1968. Ils imaginèrent un lieu en forme de galaxie afin que tout rayonne à partir d'un centre rond.

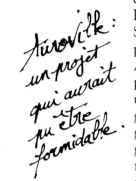

Auroville : un projet qui aurait pu être formidable.

Des gens de tous pays vinrent là, essentiellement des Européens en quête d'un sens pour leur vie. Ils construisirent des éoliennes, des centres de production d'objets artisanaux, des canalisations, un centre d'informatique, une briquetterie, implantèrent des cultures dans cette région pourtant aride. Mère rédigea un ouvrage en plusieurs volumes dans lequel elle raconta ses expériences spirituelles. Tout alla bien jusqu'au jour où le système souffrit de sa propre réussite.

Certains membres de la communauté d'Auroville décidèrent de déifier Mère de son vivant. Elle refusa cet hommage mais, Sri Aurobindo étant décédé, elle était désormais seule face aux autres et ne parvint pas à résister longtemps à ses admirateurs déificateurs.

Ceux-ci l'enfermèrent dans sa chambre et décidèrent que puisqu'elle n'acceptait pas de devenir une déesse vivante, elle serait une déesse morte. Après tout, elle n'avait peut-être pas pris conscience de sa substance divine, mais cela ne l'empêchait pas d'être une déesse.

Dans les derniers discours filmés de Mère, on la voit cabrée comme un taureau sous les chocs. Dès qu'elle entreprend de parler de son incarcération et de la façon dont ses adorateurs la traitent, on lui coupe la parole et on la ramène dans sa chambre. Elle se transforme peu à peu en une petite vieille qui se ratatine jour après jour sous la pression de ceux qui prétendent la vénérer au-delà de tout.

Mère parviendra quand même à informer en cachette d'anciens amis qu'on est en train d'empoisonner sa nourriture dans le but de faire d'elle une déesse morte, donc plus facilement adorable. Mais ses fidèles l'isoleront du monde extérieur et de ses derniers amis. Tous ceux qui prétendent vouloir la sauver seront irrémédiablement exclus d'Auroville.

Mère mourut en 1973, probablement empoisonnée à l'arsenic et la communauté organisa pour elle des funérailles de déesse. Vers la fin, elle avait trouvé un moyen de communiquer avec les siens : elle jouait de l'orgue dont la musique filtrait depuis sa chambre de détention.

Après sa mort, la communauté se divisa et de multiples procès semèrent le doute sur l'une des expériences communautaires humaines les plus ambitieuses et les plus réussies.

V

Vieillard :
En Afrique, on pleure la mort d'un vieillard plus que la mort d'un nouveau-né. Le vieillard constituait une somme d'expériences qui pouvait profiter au reste de la tribu tandis que le nouveau-né, n'ayant pas vécu, n'a même pas conscience de sa mort.

En Europe, on pleure le nouveau-né car on se dit qu'il aurait sûrement accompli des choses fabuleuses s'il avait vécu. On porte par contre peu d'attention à la mort du vieillard. De toute façon, il avait déjà profité de la vie.

Victoire :
Pourquoi toute forme de victoire est-elle insupportable ? Pourquoi n'est-on attiré que par la chaleur rassurante de la défaite ? Peut-être parce qu'une défaite ne peut être que le prélude à un revirement alors que la victoire tend à nous encourager à conserver le même comportement.

La défaite est novatrice, la victoire est conservatrice. Tous les humains sentent confusément cette vérité. Les plus intelligents ont ainsi tenté de réussir non pas la plus belle victoire, mais la plus belle défaite. Hannibal fit demi-tour devant Rome offerte. César insista pour aller aux ides de Mars.

Tirons leçon de ces expériences.

On ne construit jamais assez tôt sa défaite. On ne bâtit jamais assez haut le plongeoir qui nous permettra de nous élancer dans la piscine sans eau.

Le but d'une vie lucide est d'aboutir à une déconfiture qui servira de leçon à tous ses contemporains. Car on n'apprend jamais de la victoire, on n'apprend que de la défaite.

Vitriol :
Le mot Vitriol est une dénomination de l'acide sulfurique. Longtemps on a cru que le mot vitriol signifiait "qui rend vitreux". Du latin *vitreolus*. Il semble que sa signification soit plus hermétique. Vitriol est constitué des premières lettres d'une formule de base de l'antiquité. V.I.T.R.I.O.L: Visita Interiora Terrae (visite l'intérieur de la terre) Rectificando Occultum Lapidem (et en te rectifiant tu trouveras la pierre cachée).

Les templiers de retour de Jérusalem avaient appris beaucoup trop de choses pour ne pas susciter les jalousies

LE LIVRE SECRET DES FOURMIS

Voyage dans le temps :

Pour voyager dans le temps il suffit d'aller très vite. Plus on se rapproche de la vitesse de la lumière, soit 300 000 km/seconde, plus l'effet est net. Pour connaître sa vitesse de voyage dans le temps, on applique l'équation de la relativité restreinte d'Einstein :

En cas de voyage prolongé dans le temps, ne pas oublier de prendre une petite laine.

$$T_v = \sqrt{1 - \frac{V^2 \text{ (vitesse du voyageur)}^2}{C^2 \text{ (vitesse de la lumière)}^2}} \times T_o$$

T_v étant le temps mesuré par la montre disposée dans le véhicule du voyageur dans le temps.
T_o étant le temps observé par une montre immobile appartenant a l'observateur.

Evidemment, en roulant très vite en voiture, on a un petit effet, mais il est très faible. Il faudrait être capable de faire 200 000 km/seconde, soit plus de 100 aller et retour Paris-Marseille en une seconde, pour avoir l'impression que le temps s'est allongé d'une demi-seconde.
Tout est possible.
Tout est relatif.

Voyage de la douve du foie :

L'un des plus grands mystères de la nature est sans aucun doute le cycle de la grande douve du foie (Fasciola hepatica). On pourrait écrire un roman rien que sur cet animal. La douve du foie, comme son nom l'indique, est un parasite qui vit dans le foie du mouton. Elle se nourrit de sang et de cellules hépatiques, grandit dans le foie, puis pond des œufs. Mais les œufs de douve ne peuvent pas éclore dans le foie du mouton. Il leur faut donc accomplir tout un périple.

Les œufs de douve sortent du corps du mouton avec ses excréments. Les voici dans le monde extérieur froid et sec. Après une période de mûrissement, les œufs éclosent et laissent sortir une minuscule larve. Cette larve est consommée par un premier hôte : l'escargot.

A l'intérieur de l'escargot, la larve de douve va se multiplier avant d'être éjectée dans les mucosités que crache ce gastéropode en période de pluie.

Elle n'a fait que la moitié du chemin.

Souvent, ces mucosités, sortes de grappes de perles blanches, sont goûtées par les fourmis. Voici donc nos douves dans le jabot social des fourmis. Elles en sortent en perçant le jabot de milliers de trous qu'elles referment avec une colle qui durcit et évite de tuer la fourmi. Il ne faut surtout pas tuer ce second hôte indispensable à la jonction avec le mouton.

Car maintenant que nos larves sont devenues des douves adultes, elles doivent retourner dans le foie du mouton pour que leur cycle de croissance soit complet.

Mais comment faire pour que la fourmi soit consommée par un

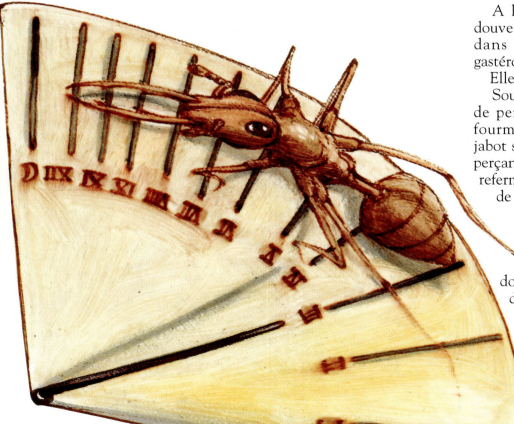

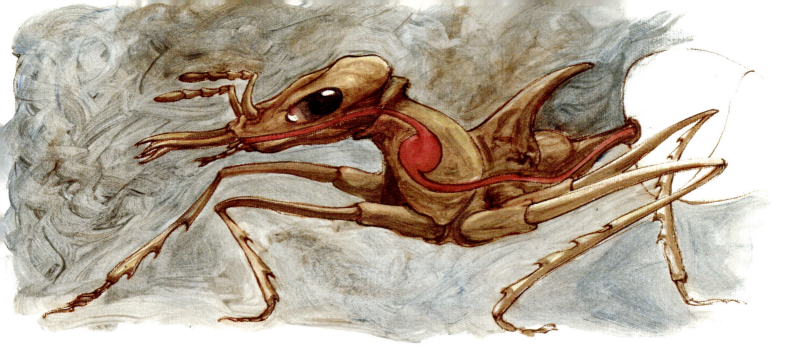

mouton, lequel n'est pas insectivore ?

Des générations de douves ont dû se poser la question. Le problème était d'autant plus difficile à résoudre que les moutons broutent aux heures fraîches le haut des herbes et que les fourmis sortent de leur nid aux heures chaudes pour ne circuler qu'aux racines des herbes.

Comment les réunir au même endroit aux mêmes heures ?

Les douves ont trouvé la solution. Elles se répartissent des zones dans le corps de la fourmi. Une dizaine va s'installer dans le thorax, une dizaine dans les pattes, une dizaine dans l'abdomen, et une seule part se nicher dans le cerveau.

Dès le moment où cette unique larve de douve se glisse dans son cerveau, le comportement de la fourmi se modifie. La douve, sorte de petit ver primitif proche de la paramécie et donc des êtres unicellulaires les plus frustes, "pilote" le comportement de la fourmi.

C'est ainsi que le soir, quand toutes les autres ouvrières s'endorment, les fourmis contaminées par les douves quittent leur fourmilière, s'avancent au dehors comme des somnanbules et montent s'accrocher aux cimes des herbes. Et pas de n'importe quelles herbes ! Elles choisissent de préférence les herbes favorites des moutons : luzerne et bourse-à-pasteur.

Là les fourmis restent tétanisées à attendre d'être broutées.

C'est cela, le travail de la douve placée dans le cerveau : elle fait sortir tous les soirs son hôte jusqu'à ce qu'il soit mangé par un mouton. Le lendemain matin, dès que la chaleur revient, la fourmi qui n'a pas été mangée par un ovin retrouve le contrôle de son cerveau et son libre-arbitre. Elle paraît se demander ce qu'elle fait là, accrochée en haut d'une herbe. Elle en redescend alors, rentre à la fourmilière et reprend ses tâches habituelles. Jusqu'au prochain soir où, telle un zombi, elle ressortira avec toutes les autres fourmis infectées aux douves pour attendre d'être broutée.

Ce cycle pose aux biologistes de multiples problèmes. Première question : comment la douve calfeutrée dans le cerveau peut-elle voir et ordonner à la fourmi d'aller sur telle ou telle herbe ? Deuxième question : la douve qui pilote le cerveau de la fourmi mourra au moment de l'ingestion par le mouton, comment se fait-il qu'elle et elle seule se sacrifie ? On dirait que les douves ont accepté que l'une d'entre elles, la meilleure, doive mourir pour que les autres puissent atteindre leur but.

La minuscule Douve du foie sait hypnotiser les fourmis pour les transformer en zombies.

Wendat :
Chez les Indiens hurons Wendat du Canada, juste avant de tuer un animal, à la chasse, on lui explique pourquoi on va l'abattre. On dit à haute voix qui va le manger. Ce qui se passerait pour la famille si on le ratait. Puis on appuie sur la gâchette. On considère que c'est l'animal qui se laisse tuer par générosité pour offrir sa chair et sa peau au chasseur qui lui a expliqué en quoi elles étaient indispensables.

Xtra terrestre :
Chaque fois que nous avons découvert une autre civilisation, nous n'avons eu qu'une préoccupation : qui est le plus fort ? Si nous étions les plus forts, nous imposions nos idées et notre culture en détruisant celles de l'autre.

La découverte de l'Amérique du Sud, c'est la destruction des civilisations aztèque et inca. La découverte de l'Australie, c'est la destruction de la culture aborigène. La découverte de l'Amérique du Nord, c'est la destruction de la culture indienne, etc…

A chaque fois, le contact avec une civilisation pensant différemment débouche sur sa destruction.

Nous ne savons pas encore gérer la rencontre avec une autre forme de pensée.

Le programme SETI (Search for Extra Terrestral Intelligence) arrive trop tôt. S'il nous parvenait une réponse d'extra-terrestres, nous ne saurions probablement quoi leur dire. Et cela finirait encore par la question : qui est le plus fort ?

Nous ne savons pas réussir de symbiose de cultures.

C'est en cela que les fourmis, qui sont nos minuscules partenaires sur cette planète, sont particulièrement passionnantes. Avec elles, nous pouvons nous exercer à communiquer d'égal à égal. Si nous n'arrivons pas à communiquer avec ces intra-terrestres, nous ne serons jamais capables de communiquer avec les extra-terrestres.

YZ

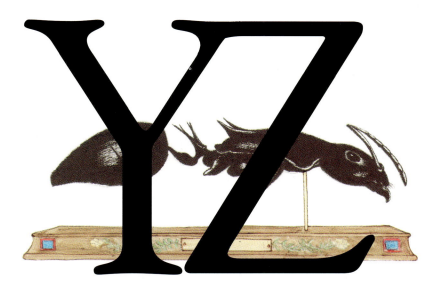

Y a-t-il encore une censure ? Avant, **pour que les informations n'arrivent pas au grand public,** il y avait la censure qui interdisait proprement et simplement la publication des ouvrages jugés subversifs.

Maintenant, la censure a changé de visage. Ce n'est plus le manque qui agit, mais l'abondance. Et c'est bien plus efficace.

Noyé sous les informations insignifiantes, plus personne ne sait où puiser les informations importantes. En multipliant les chaînes de télévision, en publiant plusieurs milliers de titres de romans par mois en France, en diffusant au kilomètre toutes sortes de musiques similaires, on empêche l'émergence de courants nouveaux. Ceux-ci seraient de toute façon noyés dans la masse de la production.

Ne surnagent finalement de cette immense soupe que les produits "média" rassurants car "archi-utilisés" : jeux et variétés pour la télévision, histoires d'amour autobiographiques pour la littérature, chansons d'amour sur mélodie simple présentées par des gens "au physique avantageux" pour la musique.

La profusion noie la création, et les critiques qui devraient normalement se charger de filtrer ces cascades artistiques sont frileux. Tout cela fait partie d'une logique : il faut qu'il n'apparaisse rien de nouveau qui puisse remettre en cause l'ancien système. Il y a tant d'énergie dépensée pour que tout soit bien immobile !

Yi king : **La vie est souvent composée de situations immuables** qui ne cessent de se reproduire inlassablement pour chacun.

Les Chinois, ayant compris cela, établirent un système d'éventail de toutes les situations possibles dans une vie : le Yi King (Livre des transformations). Le Yi King, à l'origine, n'était qu'un simple tirage à pile ou face pour savoir quelle décision prendre. Yin ou Yang.

Puis, peu à peu, le système binaire "oui ou non" s'est complexifié pour former des figures à trois, puis à six "oui ou non" : les hexagrammes. Avec 64 hexagrammes, on disposait normalement du tableau des 64 transformations qu'offre une vie humaine.

On pourrait ainsi comparer une existence à une partie de jeu de l'oie qu'on parcourt case par case, transformation par transformation. Mais chacun le parcourt dans un ordre différent, ce qui explique que toutes les destinées sont uniques.

"On façonne l'argile pour en faire des vases, mais c'est du vide intérieur que dépend leur usage." Tao te king.

Yin yang :

Tout est en même temps yin yang. Dans le bien il y a du mal et dans le mal il y a du bien. Dans le masculin il y a du féminin et dans le féminin il y a du masculin. Dans le fort il y a de la faiblesse et dans la faiblesse il y a de la force. C'est parce que les Chinois ont compris cela il y a plus de 3000 ans qu'on peut les considérer comme des précurseurs de la relativité. Le noir et le blanc se complètent et se mélangent pour le meilleur et pour le pire.

Zéro :

Bien qu'on retrouve des traces du zéro dans les calculs chinois du 2ème siècle après J.C. (noté par un point) et chez les Mayas encore bien avant (noté par une spirale), notre zéro est originaire de l'Inde. Au 7ème siècle, les Perses l'ont copié sur les Indiens. Quelques siècles plus tard, les Arabes l'ont pris aux Perses et lui ont donné le nom que nous connaissons (*sifa* en arabe signifie : vide). Ce n'est pourtant qu'au 13ème siècle que le concept de zéro arrive en Europe grâce à l'entremise de Leonardo Fibonnacci (probablement une abréviation de Filio di Bonacci), dit Léonard de Pise, qui était, contrairement à ce que son surnom indique, un commerçant vénitien.

Lorsque Fibonnacci a essayé d'expliquer à ses contemporains l'intérêt du zéro, il fut mal compris. Tout le monde voyait bien que cela modifiait certains concepts, mais l'Eglise jugea pour sa part que cela en bouleversait trop. Certains inquisiteurs estimèrent ce "zéro" diabolique. Il faut dire que s'il ajoutait de la puissance à certains chiffres, il ramenait à la nullité tous ceux qui tentaient de se faire multiplier par lui. Satanique ! Finalement, les choses se sont quand même arrangées. L'Eglise avait trop besoin de bons comptables pour ne pas saisir l'intérêt tout "matérialiste" d'utiliser le zéro.

Le zéro était pour l'époque un concept complètement révolutionnaire. Le zéro qui en soi n'était rien permettait de passer d'une dizaine à l'autre. En ajoutant un zéro, on obtenait un coefficient multiplicateur de dix et même de cent, mille, dix mille, sans que cela prenne beaucoup de place pour exprimer ce changement d'unité de mesure.

Zéro est un nombre qui ne vaut rien et qui donne une puissance faramineuse à tous ceux qui l'approchent par la droite. Par contre, il laisse intacts ceux qui l'approchent par la gauche.

Zéro est le grand annihilateur ou le grand discret.

Le zéro est carrément magique. Grâce à cette porte, on peut même imaginer un monde parallèle à l'envers : les chiffres négatifs.

FIN

Remerciements en vrac à :
Pascale Aretos, David Beauchard, Philippe Benmussa, Philippe Bérenger-Lévêque, Béatrice Bottet, Leopold Bronstein, Rémy Chauvin, Hervé Desinge, Didier Desor, Muriel Dreyfus, Richard Ducousset, Gillon, Professeur Passerat, Olivier Ranson, Patrice Serres, Reine Silbert, Alain Sirisky.

Illustrations : Guillaume Aretos
Mise en page : Luc Doligez

Cet album a été imprimé et relié
en juillet 1996
sur les presses de l'imprimerie Pollina
à Luçon pour le compte
des Éditions Albin Michel

N° d'édition : 15757
N° d'impression : 70294
Dépôt légal : juillet 1996

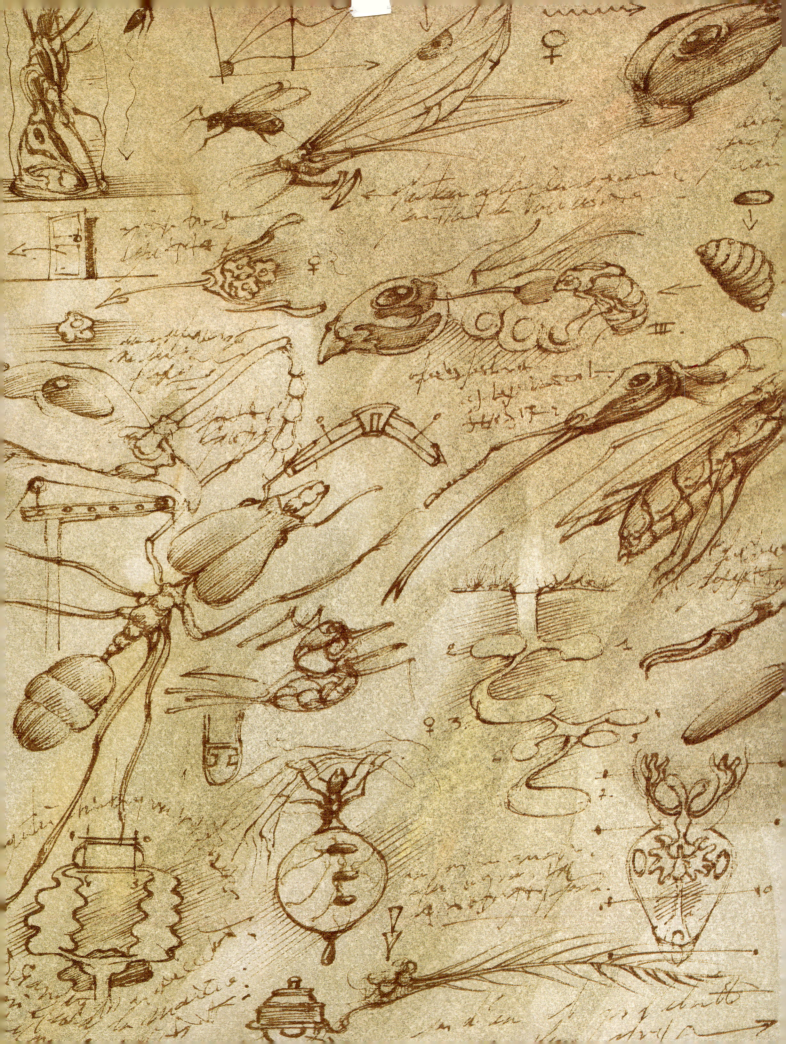